特別支援教育を意識した

小学校の授業づくり・板書・ノート指導

蔵満逸司 著

黎明書房

はじめに
―特別支援を意識するとは―

　子どもの持つさまざまな条件をもとに教育活動を組み立てる。

　実践し，修正を加え，さらに実践を続ける。

　実践が，子どもの学ぶ意欲を支え，子どもの成長につながったことを実感できる時は，いいようもなくうれしい。

　子どもの持つ条件を前提にしているのだから，その条件を責めたり，その条件を結果が出なかったことの言い訳にしたりすることはできない。

　成長のスピードにも方向にも，一人ひとりに違いがあるのは当然だ。

　一人ひとりの成長を支援できることは，教師の仕事の醍醐味だ。

　特別支援教育を意識して仕事をするようになると，自他の授業を見る目も，子どもたちを見る目も変わる。

　通常学級にも，さまざまな発達障害を持っていたり，発達障害の傾向があったりする子どもがいる。今，そうした子どもたちを意識し，対応するユニバーサルデザインの教育が求められている。

　たとえ，発達障害の判定を受けた子どもがいない学級でも，特別支援教育を意識した実践を行うことが，すべての子どもたちに対する指導を，より効果的で効率的なものにすることもわかってきている。

　本書は，小学校教員歴27年（LD・ADHD通級教室担当の4年を含む）の筆者が，経験と先行実践をもとに，**特別支援を意識した授業づくり，板書，ノート指導**の3つの項目について，その理念と具体的な実践例を紹介したものである。

　本書の執筆にあたっては，黎明書房の武馬久仁裕社長と佐藤美季さんに大変お世話になりました。ありがとうございました。

　　　2013年7月7日

蔵満逸司

目　　次

はじめに ―特別支援を意識するとは― 1

第1章　特別支援を意識した授業づくりの基礎・基本

1　教室環境づくり
　　　―教室設営を装飾優先から機能優先に変える― 6
　(1)　黒板のある前面の掲示物は最小限にする 6
　(2)　子どもが使う物は，どこに何があるかをわかりやすくする 6
　(3)　子どもの机周りも基本の整理法を図で示す 7
　(4)　機能的な環境にする 8

2　授業づくり
　　　―個人を意識した授業を行う― 9
　(1)　子どもが学習しやすい文具を使わせる 9
　(2)　アセスメント（実態把握）を行い個別指導の方法を修正する 9
　(3)　個を意識した発問・指示・説明を行う 10
　(4)　座席を工夫する 11
　(5)　授業の流れを示す 11

3　宿題の出し方
　　　―配慮ある宿題が学習意欲の向上と成果につながる― 12

4　コミュニケーションスキルを高める
　　　―人とのつきあい方の指導を計画的にしよう― 12

5 個別指導での取り組み
　　―個別指導こそ工夫のしどころ― 14

6 テストでの取り組み
　　―テストを1つの区切りと考えて指導計画を立てる― 15

7 保護者との連携が重要
　　―保護者の理解と協力が子どもを伸ばす― 16

第2章　特別支援を意識した板書

1 教室前面の掲示はとことんシンプルにしよう 18
2 子どもが思考しやすい構造的な板書にしよう 20
3 毎時間の板書計画を書こう 22
4 チョークと黒板消しの達人になろう 24
5 子どもの板書を積極的に授業に取り入れよう 26
6 支援が必要な子どもに黒板を使ってヒントを提示しよう 28
7 子どもの力を引き出すには図解させよう 30
8 紙媒体を活用して黒板を補おう 32
9 大型の補助黒板や「コーワライティングシート」を活用しよう 34
10 記憶が苦手な子どものために黒板の使い方を工夫しよう 36
11 子どもが見直しやすいように黒板でのまとめ方を一工夫しよう 38
12 子どもの喜ぶキャラクターを開発して，効果的に使おう 40
13 授業以外でも黒板を活用しよう 42
14 集中できない子どもには，黒板に集中させるテクニックを使おう 44
15 電子黒板や大型テレビ，プロジェクターを活用しよう 46

　コラム　タブレット活用法　48

第3章　特別支援を意識したノート指導

1　ノートと筆記用具にはとことんこだわろう　50
2　消しゴム，下敷き，定規類にもとことんこだわろう　52
3　子どもが書きやすいようにノートの使い方を一定にしよう　54
4　学習方法をパターン化しノートをとりやすくさせよう　56
5　計算手順・思考手順をノートに整理させよう　58
6　算数のノートに補助記号を書くことが普通になるまで指導しよう　60
7　子どもの理解を助ける定番の図を指導しよう　62
8　定期的にノート点検と指導をしよう　64
9　子どもの理解を助けるイメージマップ，マンダラートの指導をしよう　66
10　用語や定義はノートにていねいにまとめさせよう　68
11　子どもが記入しやすいワークシートを用意しよう　70
12　個々の子どもの力に応じた問題に取り組ませよう　72
13　体育が苦手な子どもも自分の成長を楽しみにする体育ノートにしよう　74
14　授業中の個別指導にノートを活用しよう　76
15　ノートを活用して学んだことを定着させよう　78

コピーして使える参考資料

1　板書計画用ワークシート〔2分割版〕　80
2　板書計画用ワークシート〔3分割版〕　81
3　調べ学習マニュアル　82
4　国語辞典の学習マニュアル　83
5　漢字チェックシート　84
6　漢字チェックシートの裏の練習用ワークシート　85

第1章

特別支援を意識した授業づくりの基礎・基本

1 教室環境づくり
―教室設営を装飾優先から機能優先に変える―

(1) 黒板のある前面の掲示物は最小限にする

理由 視覚を刺激する物を可能な限り取り除くことで，子どもが学習に集中しやすくなる。

■**具体的な手立て**（詳しくは，18ページ参照）

① 黒板の周囲には掲示物をなるべく貼らない。
② 教師の本棚に並べた本や小物などはカーテンで隠す。
③ 黒板前の教師用机には，基本的に何も置かない。

(2) 子どもが使う物は，どこに何があるかをわかりやすくする

理由
① 必要な物を自分で探せるような手立てをすることで，物のある場所をなかなか覚えられない子どもが，学級での活動をスムーズに行うことが可能になる。
② 教室環境を整えることが，整理整頓のモデルとなり，整理整頓が苦手な子どもの物を片付けるトレーニングになる。

■**具体的な手立て**

① 何がどこにあるかをラベルや説明書で示す。

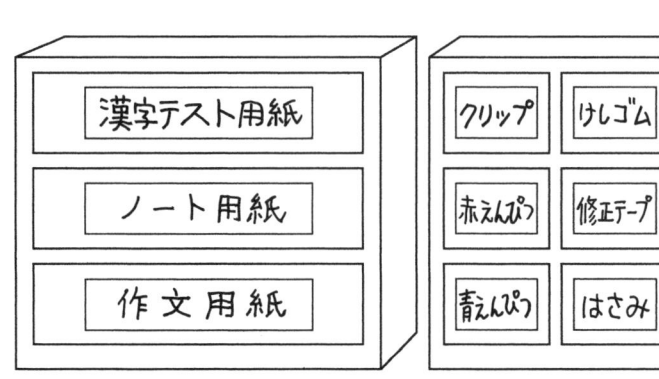

[棚のイラスト：左の棚に「漢字テスト用紙」「ノート用紙」「作文用紙」、右の棚に「クリップ」「けしゴム」「輪ゴム」「赤えんぴつ」「修正テープ」「つめ切り」「青えんぴつ」「はさみ」「ホッチキスしん」のラベル]

② 片付け方を写真や図で示す。（右図）

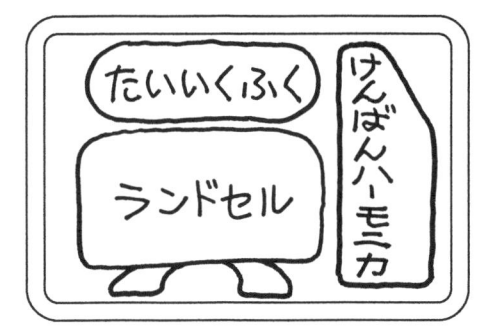

③ 物のある場所を固定し変えない。

たなの片付け方の図

(3) 子どもの机周りも基本の整理法を図で示す

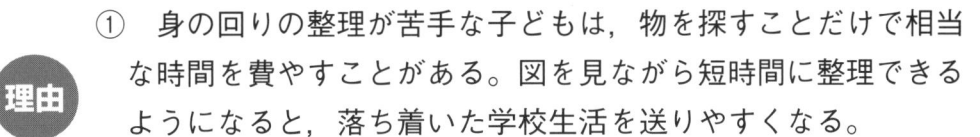

理由
① 身の回りの整理が苦手な子どもは，物を探すことだけで相当な時間を費やすことがある。図を見ながら短時間に整理できるようになると，落ち着いた学校生活を送りやすくなる。
② 物を紛失することが多い子どもたちの紛失予防になる。

■**具体的な手立て**

① 周辺がよく散らかっている子どもには，一時的に物を置く保管箱や，物を入れる手提げ袋を用意する。
② 机の上と中の配置を示す図を下のように作り，教室に常備し，必要な子どもに示しお手本にさせる。

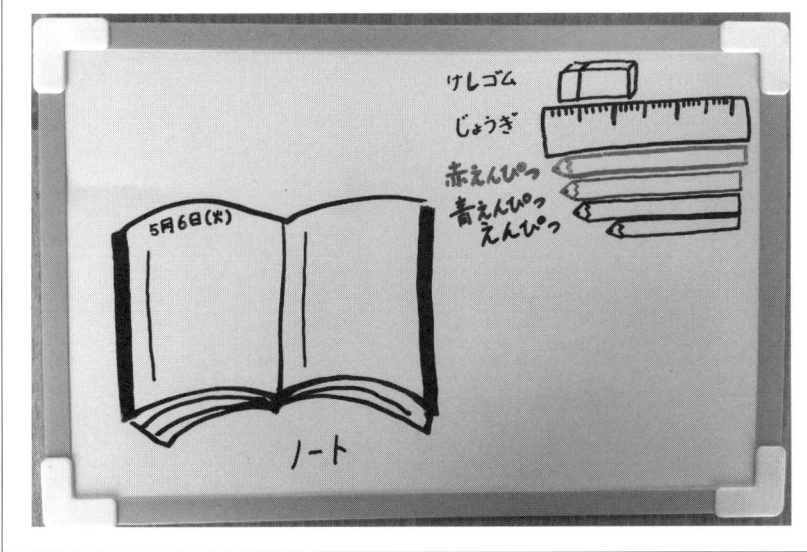

机の上の図

(4) 機能的な環境にする

理由
① 掲示物が乱雑に張られていると視野に入らない子どもがいる。
② 色覚に課題がある子どものなかには，チョークの色によっては，文字が読みづらい子どもがいる。
③ 見通しが立たないと不安になり，安心して学校生活が送れない子どもがいる。
④ 教室と廊下に段差があると，歩行に課題がある子どもは行き来しづらい。

■具体的な手立て

① 掲示物を精選する。
② 余計な音が聞こえないように配慮する。音がしやすい椅子には足にテニスボールをはめて音を小さくする。
③ 色覚に課題がある児童のいることを前提にして使うチョークの色を決める。(詳しくは，24ページ参照)
④ 学校でのルールを単純なものにしマニュアル化する。
⑤ 日直や係の仕事を単純にしマニュアル化する。
⑥ 時間割を変更する時は，早めに，いつも決まった方法で子どもたちに伝え，板書する。
⑦ 時計の時刻と校内放送の時刻が一致するように，常に調整する。
⑧ メモの取り方を指導し，必要な場合は書いたことを確認をする。
⑨ 教室と廊下の段差を段差解消プレートを使ってなくす。
⑩ 通常の机の位置、班学習の机の位置などを異なる色のマジックで床にわかりやすく示す。

2 授業づくり
―個人を意識した授業を行う―

(1) 子どもが学習しやすい文具を使わせる

理由
① 学習に集中することを妨げる文具がある。
② 支援が必要な子どもに適した文具が開発されている場合がある。

■**具体的な手立て**（52，53ページ参照）

① 手遊びを助長する文具は使わせない。
② 左利き用の定規やコンパス，分度器を紹介するとともに，教室に常備する。

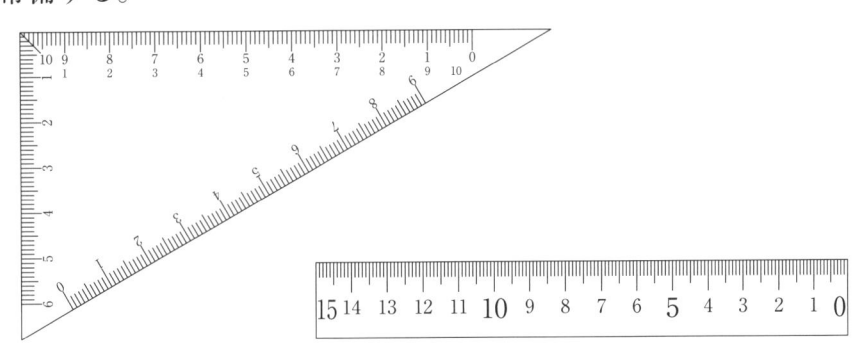

③ 二方向に角度が書かれた分度器に戸惑う子どもには，一方向の角度しか書いていない分度器を用意する。
④ 使いやすい短い定規を用意する。
⑤ 忘れた子ども用の文具を用意する。
⑥ 忘れた子ども用のノート用紙を用意する。

(2) アセスメント（実態把握）を行い個別指導の方法を修正する

理由
一斉指導と同じ指導を，一人の子どもを相手に行うことが個別指導ではない。個に応じた指導が行われなければ意味がない。個に応じた指導のためにはアセスメントが必要である。

■**具体的な手立て**

① 担任する子どもが決まったら，指導要録，健康診断簿，知能検査結果，学力検査の結果，引き継ぎ書などをもとに指導の方針を仮設定する。前年度担任や特別支援コーディネーターから引き継ぎが可能な場合は早めに引き継ぎを行う。
② 実際に子どもと接するようになったら，子どもの実態を言動やノート類などの情報から把握し，指導方針を修正する。
③ 必要に応じて，読み書きスクリーニング検査やLD検査などを所定の手続きを経て実施し，分析結果を参考にしてより具体的な指導方針を立てる。

(3) 個を意識した発問・指示・説明を行う

理由 全員にとって学習に取り組みやすい発問・指示・説明を行うことで，子どもたちの学習意欲が高くなり，学力も伸びる。

■**具体的にはどうするか**

① 一度に行う発問・指示・説明は1つにする。
② 発問・指示は30秒程度に。説明は1分以内にするよう心がける。
③ 教材・教具の開発を行い，効果的に使う。
④ 再読したり確認できるように，文字で表現するように心がける。
⑤ 授業のテンポを意識的に調整する。
⑥ 五感に訴える授業を行う。
⑦ 子どもが意見を発表する時間を効果的に設定する。
⑧ 小テストなどで，成長したことを本人が確認できるようにする。
⑨ 質問タイムを設定し個々の子どもの課題に対応する。

(4) 座席を工夫する

理由 子どもに適した席があれば優先的に座らせることが大切な支援になる。

■**具体的な手立て**

① 集中が続かない子どもには，本人に説明して最前列に座らせ，教師の声に集中しやすいようにする。
② 友だちの行動をモデルにして模倣することで落ち着いた行動ができる子どもの場合は，本人に説明して前から２列目の中央の席などに座らせる。
③ 以上の２点を原則としながらも，子どもが実際にどこの席で一番落ち着くかを子どもと一緒に考えていく。

(5) 授業の流れを示す

理由 先を見通すことで，子どもたちも落ち着いて活動することができる。

■**具体的な手立て**

① 授業の基本パターンを決め，子どもに示す。
② 授業パターンを教室に張り出す。

3 宿題の出し方
―配慮ある宿題が学習意欲の向上と成果につながる―

理由 宿題の出し方を工夫すると，子どもの学習意欲が高くなり学力も伸びる。

■**具体的な手立て**

① 実態に合わせて，異なる宿題を出したり，選択式の宿題を出す。
② 宿題に取り組む時間に制限をもうけることで，どうしてもできない子どもの負担を減らす。
③ 保護者が子どもと一緒に宿題に取り組んだり，アドバイスを行うことを歓迎する。
④ 宿題と次の日の小テストやテストと連動させる。
⑤ 時間割を載せる学級通信に宿題内容を書く。（次のページの「宿題予告掲載学級通信」例を参照）

4 コミュニケーションスキルを高める
―人とのつきあい方の指導を計画的にしよう―

理由 コミュニケーション能力を高めるための優れた方法を積極的に取り入れ，子どもたちのスキルを高めることで，活気あるいじめのない学級ができる。

■**具体的な手立て**

　人との上手なつきあい方が苦手な子どもは少なくない。道徳，学級指導，各教科のなかで，計画的にコミュニケーションスキルのトレー

第1章　特別支援を意識した授業づくりの基礎・基本

「宿題予告掲載学級通信」例

※つめの検査

忘れないで	給食着マスク はんかち ちり紙	はんかち ちり紙	はんかち ちり紙	はんかち ちり紙	はんかち ちり紙
11月	12日（月）	13日（火）	14日（水）	15日（木）	16日（金）
朝の活動	読書タイム	児童集会	係委員会活動	読書タイム	読書タイム
1	国語 スキル 33　37 天気を予想する	国語 スキル 41 天気を予想する	国語 スキル 45 天気を予想する	国語 スキル 41 天気を予想する	算数 分数のかけ算 わり算計算練習
2	算数 分数の引き算	理科 実験　ふりこ まとめ	社会 これからの食料 生産と私たち	算数 分数の引き算	理科 テスト　86 - 94 ふりこのきまり
3	学級活動 イッシーまつり の班を決める	理科 流れる水の はたらき	イッシータイム 班活動	理科 復習	国語 論語 144 - 145
4	体育 なわとび 幅跳び	算数 分数の引き算	イッシータイム 班活動	音楽 笛　音楽の旅 あかとんぼ	社会 テスト 68 - 31
	昼休み そうじ	昼休み 話し合い全員 なのはな教室 そうじ	昼休み 外そうじ	昼休み そうじ	昼休み そうじ
5	社会 これからの 食料生産と 私たち	お茶とのふ れあい事業	社会 テスト 68 - 81	算数	イッシータイム チケットを 作ろう
6		お茶とのふ れあい事業	代表委員会 委員会活動	国語	イッシータイム ポスターを 作ろう
生き生きタイム	理科	社会	算数	国語	理科
放課後					
下校時刻	15時15分	16時15分	16時15分	16時15分	16時15分
宿題	漢字ノート 100字 スキル 41 ・音読 ・作文 「そばの収 穫」	漢字ノート 100字 スキル 45 計算ドリル 2 ・音読	漢字ノート 100字 スキル 41 計算ドリル 3 ・音読	漢字ノート 100字 スキル 45 ・音読 ・作文 「自由」	漢字ノート 200字 スキル 41　45 ・音読　金 計算ドリル 4と5

ニングを行いたい。

　特に，発達障害のある子どもたちのために研究開発されてきた次のようなトレーニングは参考になる。
・人とのつきあい方や生活の仕方全般について学ぶことができるソーシャルスキルトレーニング
・自分の意見や気持ちを，相手のことを考えながら上手に伝える力を身に付けるアサーショントレーニング
・怒りをコントロールするアンガーマネージメント

5　個別指導での取り組み
―個別指導こそ工夫のしどころ―

理由　個別指導においては，子どもに合わせた指導が効果を高める。

■**具体的な手立て**

① 子どもが自分で読んで理解できるプリントを用意する。
② 抵抗の少ない穴あき問題を用意する。
③ 教科書の問題を一部分変えた問題を用意する。
④ 前学年までの学習内容を復習できるような資料を準備しておく。

第1章 特別支援を意識した授業づくりの基礎・基本

6 テストでの取り組み
―テストを1つの区切りと考えて指導計画を立てる―

理由 テストへの取り組み方を工夫することで子どもたちの学力はもっと伸びる。子ども一人ひとりの成長に目を向け続けることが大切。

■**具体的な手立て**

① テストに向けて計画的に復習し，定着率が上がってからテストをする。
② 漢字を正確に読めないために問題に取り組めない子どもには，ふり仮名をテスト問題につける。
　　※保護者に事前に相談し，了解を得る。
③ 宿題で勉強したことが，翌日の小テストの問題と関連するようにする。
④ テストはファイルさせ，これだけはできるようになるという目標にする。

7 保護者との連携が重要
　　―保護者の理解と協力が子どもを伸ばす―

理由　保護者の理解がなければ，どんな工夫も空回りしたり，誤解されたりして効果が上がらない。積極的な協力が得られれば，効果は倍増する。

■**具体的な手立て**

① 　1週間の計画を掲載する時間割は，保護者用と子ども用と2部配付し，保護者にも忘れ物がないように協力してもらう。

② 　宿題の目的，内容，してこなかったときの対応を子どもたちに説明する。保護者にも最初の保護者会で説明する。

③ 　アンケートや教育相談を定期的に積極的に行う。

④ 　特別支援の本を教室に並べ貸し出し可能にしておく。

⑤ 　がんばったこと，成長したことは倍にして伝え，気になることや課題は半分に要約して，指導の手だてと共に伝える。

第2章

特別支援を意識した板書

1　教室前面の掲示はとことんシンプルにしよう

理由　視界から視覚を刺激する物を可能な限り取り除くことで，子どもが学習に集中しやすくなる。

■具体的な手立て

① **黒板の周囲には掲示物をなるべく貼らない**（写真参照）

　日付や日直の名前を書く場所もなるべく他に移す。集中させるためだけでなく，黒板の使える面積を広げるためである。短冊黒板やホワイトボードを使うと便利だ。

　黒板の近くに週行事黒板や今日のめあてを書く場所などがある場合は，目立たないように書き込むか，授業中は見えないようにカーテンや紙で隠すようにし，視界に入らないようにする。

② **教師用の本棚や棚が前にある場合は，白地や目立たない柄入りのカーテンや紙などで覆い，棚の中身が見えないようにする**（写真参照）

　無地か無地に近いカフェカーテンも使いやすい。

　ガラス付きの扉がある場合は，内側から白の用紙を貼り，なかの本や小物などが見えないようにする。

③ **黒板前には何も置かないのが理想。教卓を置く場合は，机の上に最小限度の物しか置かないようにする**

　授業中に，子どもにノートを持ってこさせる時は，子どもから見て黒板が隠れない場所に場を設定する。

④ **教師に必要な物（チョーク，辞典，電卓，教師用ドリル，パンチ）などは，教卓の下に入れる**（写真参照）

第2章 特別支援を意識した板書

教室前景はすっきりさせる

本棚の本を隠す―カーテン

本棚の本を隠す―白紙

教卓内部は教師の便利BOXにする

・チョーク　・国語辞典
・英和辞典　・漢和辞典
・電卓　　　・ドリルの教師用
・穴空けパンチ

2 子どもが思考しやすい構造的な板書にしよう

理由 黒板のどこに何を書くかがある程度固定されていると，子どもが見通しを持って学習することができると同時に，ノートにも書きやすい。

■具体的な手立て

板書は，黒板上のレイアウトを固定する。

① 横書きの場合〔2分割の場合〕

・めあて（左上，赤い枠で囲む）……………………板書記号はⓂ
・学習問題（めあての下，上下に赤線を引く）……………板書記号はⓀ
・子どもたちの考え（左下，子どもたちの考えを書く。子どもたちが直接書く時もある。青い枠で囲む）……………板書記号はⓕ
・学習問題の解き方や答えの整理（右上，子どもたちの考えをもとに整理する）……………板書記号はⓈ
・まとめ（右下，1時間の学習内容をまとめる，赤い枠で囲む）
　　　　　　　　　　　　　　……………板書記号はⓂ
・練習問題を書く時は，まとめの下にスペースを少し空ける。
　　　　　　　　　　　　　　……………板書記号はⓅ

② 縦書きの場合　※右から順に次の内容を書く。

・めあて（赤い枠で囲む）
・学習問題（左右に赤線を引く）
・子どもたちの考え（子どもたちの考えを書く。子どもたちが直接書く時もある。青い枠で囲む）
・学習問題の解き方や答えの整理（子どもたちの考えをもとに整理する）
・まとめ（1時間の学習内容をまとめる，赤い枠で囲む）

第2章 特別支援を意識した板書

横書きの板書モデル〔2分割の場合〕

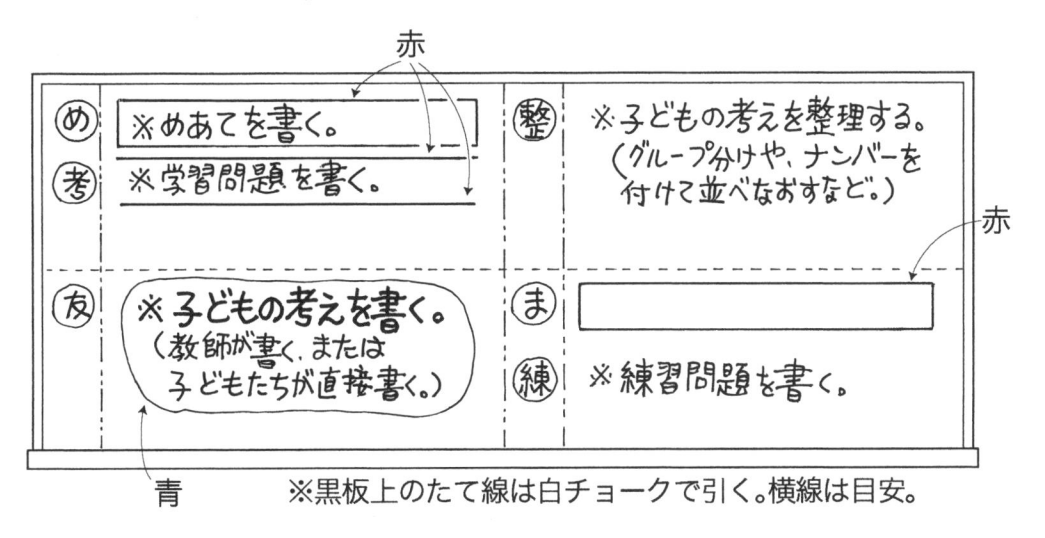

め ※めあてを書く。（赤枠） 考 ※学習問題を書く。	整 ※子どもの考えを整理する。 （グループ分けや、ナンバーを付けて並べなおすなど。）
友 ※子どもの考えを書く。（青枠） （教師が書く、または子どもたちが直接書く。）	ま （赤枠） 練 ※練習問題を書く。

※黒板上のたて線は白チョークで引く。横線は目安。

縦書きの板書モデル

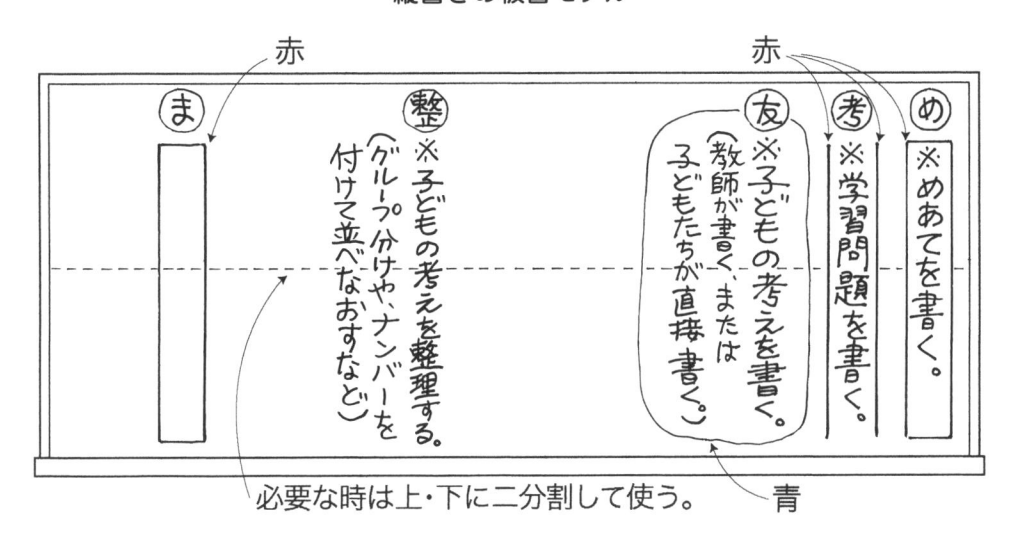

（右から左へ）
め ※めあてを書く。（赤）
考 ※学習問題を書く。
友 ※子どもの考えを書く。（青）（教師が書く、または子どもたちが直接書く。）
整 ※子どもの考えを整理する。（グループ分けや、ナンバーを付けて並べなおすなど。）
ま （赤）

必要な時は上・下に二分割して使う。

・書く時には、黒板の上下左右は少し空けると読みやすい。
・低学年ではノートの文字数に合わせて板書すると子どもたちが書き写しやすい。
・1時間は消さない板書を目標にする。

めあて枠を先に書いておく

3　毎時間の板書計画を書こう

理由
① 板書計画を立てると授業を計画的に行うことができる。
② 子どもたちがノートに書きやすい板書になる。

■**具体的な手立て**

　黒板の形の板書計画用ワークシートを作り，簡単な板書計画をできる限り毎時間書く。また，定期的に実際の板書を写真に撮り，計画と比べて反省する。

板書計画用ワークシート例〔2分割版〕

教科　　　　単元	（　／　）
㊎ めあて ㊌ 学習問題	㊛ 整理する
㊡ 子どもたちの考え	㊚ まとめ ㊘ 練習問題

・A4の用紙を横に使い印刷して綴じる。（巻末付録を拡大コピーしてお使いいただいても結構です。2分割版と3分割版が載っています）
・丁寧に書くことが大切。下書きが乱雑だと自分でも読めなくなったり，本番も乱雑になったりしがちである。

第2章 特別支援を意識した板書

板書計画用ワークシート例〔3分割版〕

教科　　　単元		（　／　）
㊍ めあて ㊂ 学習問題	㊛ 整理する	㊃ まとめ
㊛ 子どもたちの考え		㊬ 練習問題

授業板書例〔3分割版〕〈5年　算数　分数の足し算〉

（カバー裏参照）

23

4 チョークと黒板消しの達人になろう

理由 チョークと黒板消しの種類や使い方を知ると，効果的なチョークの使い方ができるようになる。

■具体的な手立て

① **チョークの種類を知り，目的と子どもの実態に合わせて選択する**

　炭酸カルシウムや石膏（硫酸カルシウム）から作られるチョークの他に，ホタテの貝殻を粉末にしたものを10％含んだチョークなども販売されている。

　また，色覚に課題がある子どもでも見やすいチョークとして開発された「eye（アイ）チョーク」や発色が鮮やかな「蛍光色チョーク」，通常のチョークより数倍太いチョーク，複数の色が混ざってかける「マーブルチョーク」などがある。（以上のチョークは，日本理化学工業株式会社製）

② **板書での色の使い方を決め，固定して使う**

白	基本の色
青	子どもたちの考えの部分を囲む
黄	重要語句　定義
赤枠	めあて・まとめ
特に強調したいこと，吹き出し	マーブル，蛍光色

③ **文字の大きさを意識して使う**

　低学年では20cm四方，中学年では15cm四方，高学年では10cm四方を基準にする。

④ **立ち位置に気をつけ，なるべく子どもの視線を邪魔しない**

第2章 特別支援を意識した板書

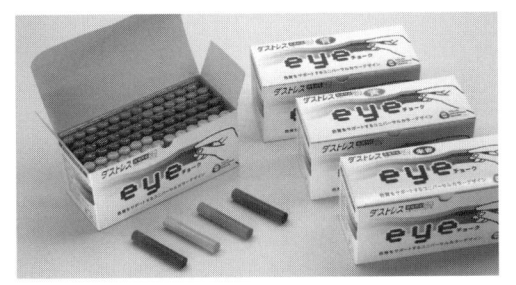

ダストレス eye チョーク　　　　ダストレスチョーク（学校用蛍光色）

太いチョーク　　　　マーブルチョーク

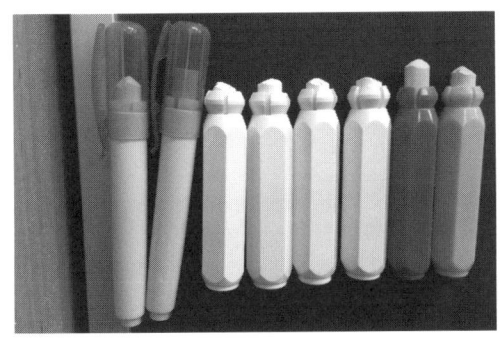

チョークホルダーがあると，折れにくい，短くなっても使える，手が汚れないなどの利点がある

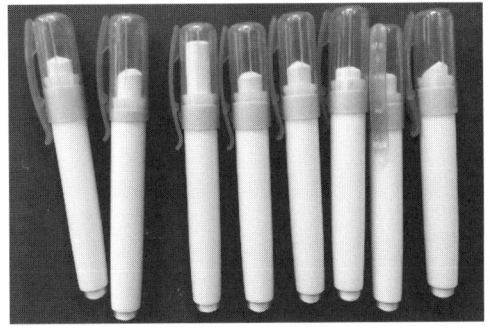

〈黒板消しの使い方〉

・消す方向を少し浮かせると消しやすい。
・文字と同じ幅の縦10cmのミニ黒板消しもあると，ちょっとした修正には便利。
・次の授業の板書が，横書きの時は横に消し，縦書きの時は縦に消すと，薄く罫線のように線が残るので書きやすい。

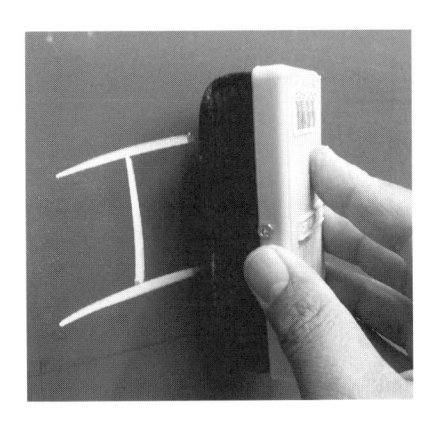

5　子どもの板書を積極的に授業に取り入れよう

理由
① 子どもに板書発表させることで，子どもが自ら考える活動の楽しさを知ると同時に，自分の考えをまとめたり，発表するスキルを身につけるようになる。
② 変化がないと退屈する子どもに，板書への参加はいい学習刺激になる。
③ 子どもたちが板書をしている間に，他の子どもに個別指導をする時間が生まれる。

■具体的な手立て

① **黒板を使って発表する**
・黒板に直接書く。
・小さいホワイトボードに書いて提示する。（マグネット付きが便利）
・画用紙に書いて張り出す。
・短冊黒板に書いて張り出す。
・紙に書いてマグネット付きファイルにはさんで張り出す。

② **子どもたちの考えを分類する時に便利な方法を考える**
・マグネットに名前を書いたものを用意する。
・色々な色の付箋紙を使う。
・出席番号を書く。

③ **チョークの使い方を指導する**
・１本のチョークの太さが異なる場合は，細い方を持ち太い方から書き始めると書きやすい。
・コーティングしてあるチョークは，コーティングしてある側を持って書くと手が汚れにくい。
・回転させながら使うと，先が円形状のままで消耗するので使いやすい。

〈いろいろな発表の方法の長所（○）・短所（△）〉

① 黒板にチョークで直接書く
○ チョークがあれば書ける。
△ 一度に書ける人数が限られている。

② ホワイトボードや画用紙や短冊黒板に書いて提示する
○ 一度に大勢が書くことができる。
○ 書かれた物を簡単に移動することができるので，同じ意見の物をまとめやすい。
△ 道具が必要になる。

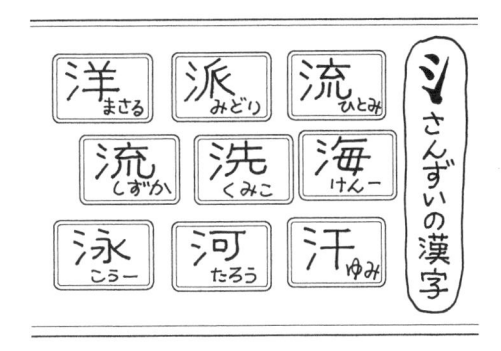

③ 付箋に書く
○ 一斉に書くことができる。
○ 後で，自分のノートにそのまま貼ることができる。
○ 印刷して配布することができる。
△ 小さいので黒板に貼ると，席からは読み取りにくい。

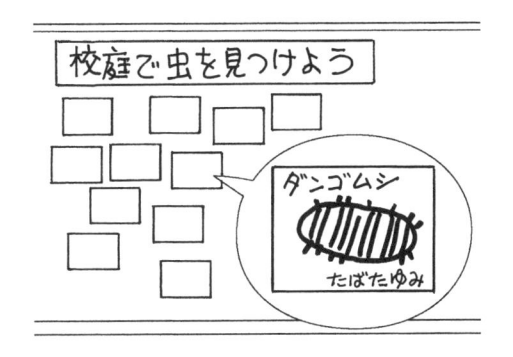

④ 実物投影機でノートなどを写す
○ ノートに書いてある物を映し出すので新たに書く時間がいらない。
△ 機材の準備が必要である。
△ 一度に1冊しか提示することができない。

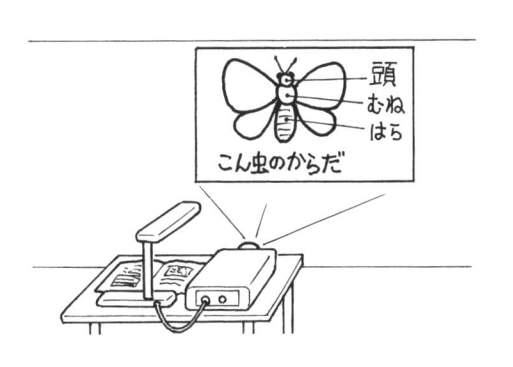

6 支援が必要な子どもに黒板を使ってヒントを提示しよう

理由 支援が必要な子どもは,黒板に書かれたヒントを見ることで,考えやすくなる。

■具体的な手立て

① 子どもたちが学習課題を考え始めたら,黒板にヒントを書く

初めの頃は「ヒントコーナーにヒントを書きます。ヒントが見たい人は見てください」と言って書く。慣れてきたら無言で書く。

教科	ヒントコーナーに書く内容例
国語	・考える視点,参考になる言葉,回答例
算数	・公式・既習事項との関連,数字を小さくした例題と解答
社会	・参考になる教科書や資料集のページ,既習事項
理科	・既習事項,資料集のページ,ヒントになるイラスト

② 外国語授業での字幕同時通訳

教師が外国語を話しながら,今話している外国語の意味を日本語で黒板に書く方法である。

教師の話す外国語を聞き取ることが難しい子どもには,とても役立つ支援になる。

外国語の学習では,イラストや実物教材などを準備するとよい支援になる。

③ 必要な生活支援を,裏にマグネットが付いているホワイトボードなどで用意し必要に応じて使う

登校した時にまずすること,学習する時の机の上の準備などを,必要な時に黒板に貼り付けておくと,することがわかって安心する子どもは多い。

第2章　特別支援を意識した板書

① ヒントを書くことは大切

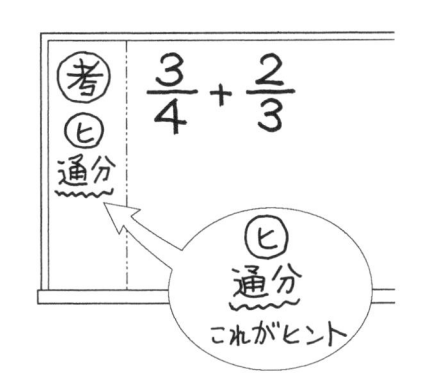

大事なことはボードで掲示

② 字幕型の外国語授業

③ しかる前に生活支援ボードを作ってみよう

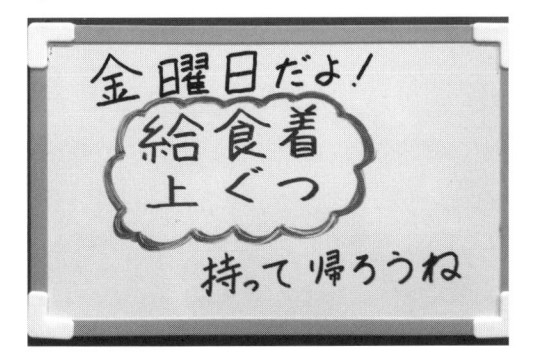

・ランドセルのしまい方
・くつの入れ方
・歯磨きの方法
・そうじの方法
・ごみの分別

など，必要に応じて作成する。

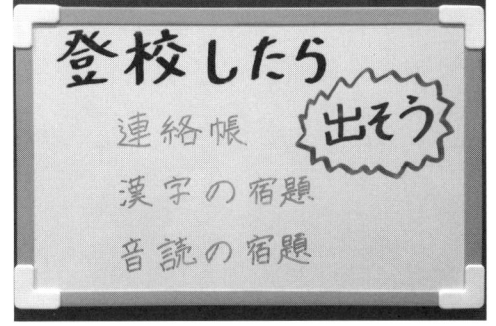

7　子どもの力を引き出すには図解させよう

理由　子どもは，絵や図を使うと理解しやすいし，発想が豊かになる。

■具体的な手立て

① イメージマップでまとめる

　関連する物を書き出していくことで既知の物事の関係をはっきりさせると同時に，新しい発想を導き出すことができる。

- 中心にキーワードを書く。（例：水産業）
- 中心のキーワードから線を引いて，テーマから連想する言葉のなかから見出しになりそうな言葉を書く。言葉は曲線に沿って書く。（例：とる場所，問題，魚，はたらく人たちなど）
- 見出しになりそうな言葉から線を引いて，連想する言葉を1本の線に1つ書く。

② マンダラートで多様な発想を導き出す

- 中央のマスに中心課題を言葉で書き，残りの8つのマスを中心課題から連想した言葉で埋める。（例：陸上記録会）
- 8つのマスを埋めることが重要で，無理矢理にでも考え出すことが新しいアイディアを生み出すことにつながる。
- 8つのマスに書いた言葉のなかから，気になるものを選んで，新しいマンダラートの中心に書き，残りのマスを埋めることで，発想をより広げていくことができる。（例：練習）

　※「イメージマップ」「マンダラート」については，第3章9「子どもの理解を助けるイメージマップ，マンダラートの指導をしよう」（66ページ）も参照してください。

第2章 特別支援を意識した板書

イメージマップ（例：水産業）

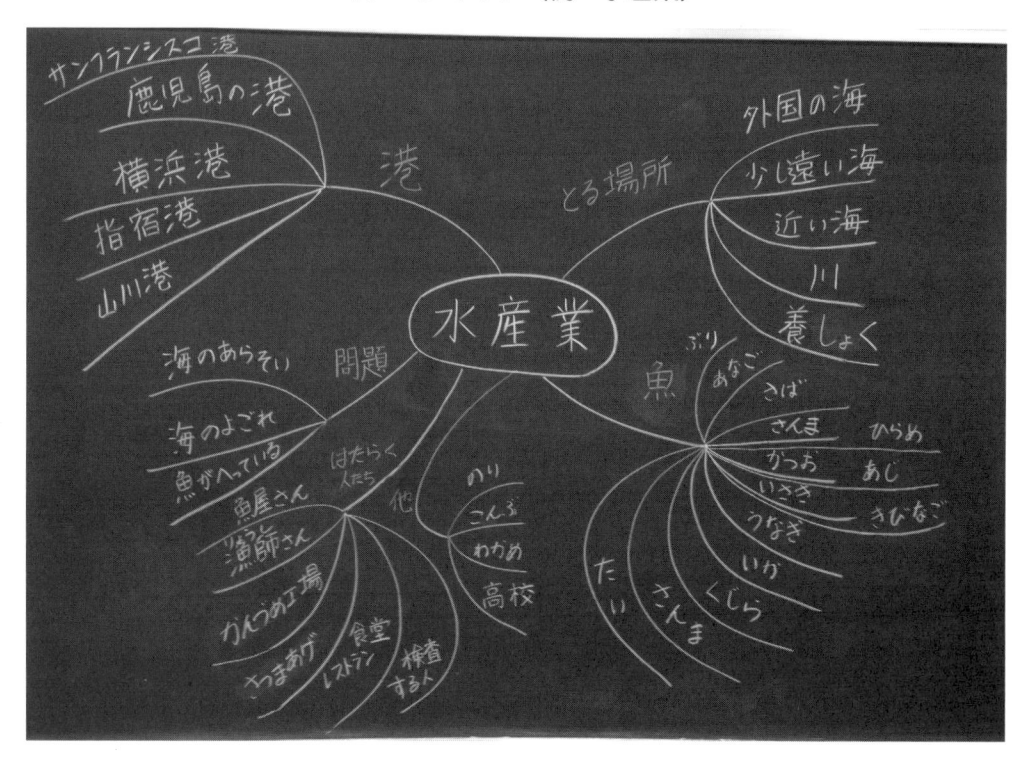

マンダラート（例：陸上記録会, 練習）

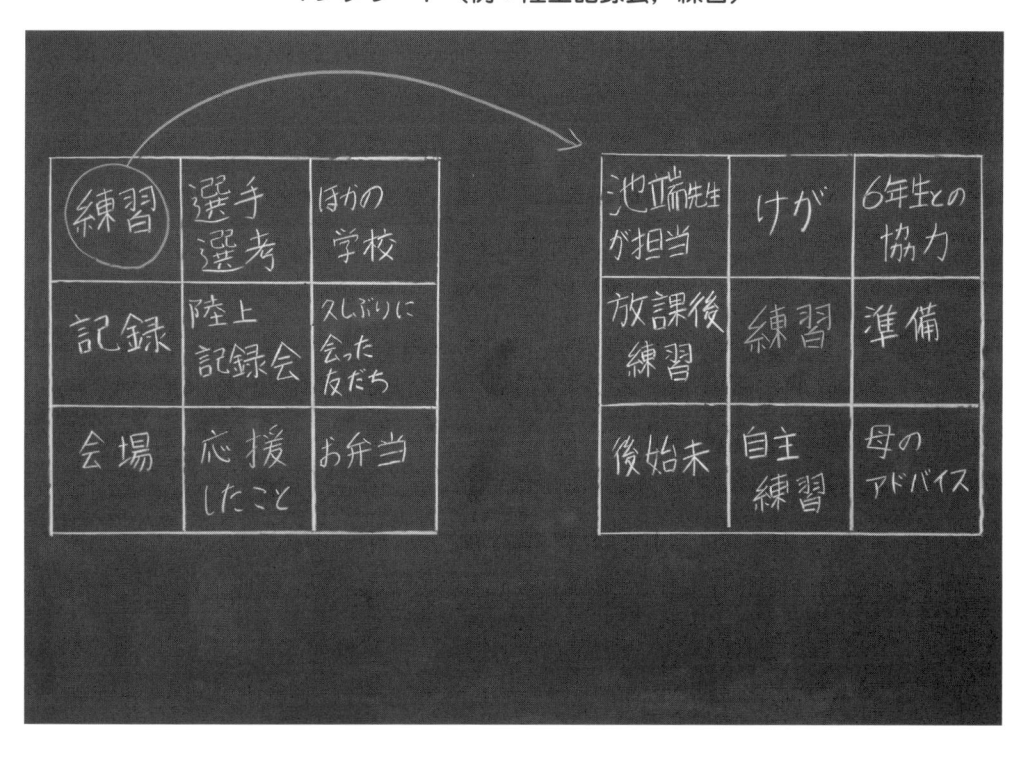

8　紙媒体を活用して黒板を補おう

理由
① 保存しやすい紙媒体を黒板に貼って使うことで，記憶する力に課題がある子どもの復習に役立てることができる。
② 保存が簡単にできる。
③ 窓や壁などの黒板以外の場所に貼ると，黒板の広さを実質的に黒板より広くすることができる。（26ページ参照）

■具体的な手立て

模造紙（広幅用紙）を使う場合。

① **サイズ**（788 × 1091 mm）
　・フルサイズは，使いやすい大きさに切ってあるので使いやすい。ロール紙は長さを自由に決められるので，フルサイズでは足りない場合に便利だが切る手間がかかる。白紙より罫線の入った用紙が使いやすい。

② **使い方**
　・保管しておくと何度でも使うことができるので，歌詞や覚えさせたい詩歌，基本的な計算の解き方などを書いておく。
　・授業の板書をそのまま残すことができるので，保護者会で掲示して，授業の様子を伝える。
　・子どもたちの調べたことをまとめる時も，保管しておいて，次の学習で続きを書かせる。
　・低学年の国語では，文字数が少ないので，事前に教材を書いておき，教材を提示する。
　・紙の裏にガムテープを枠を作るように貼ると，模造紙がそりにくくなるだけでなく，破れにくくなる。（次ページ参照）

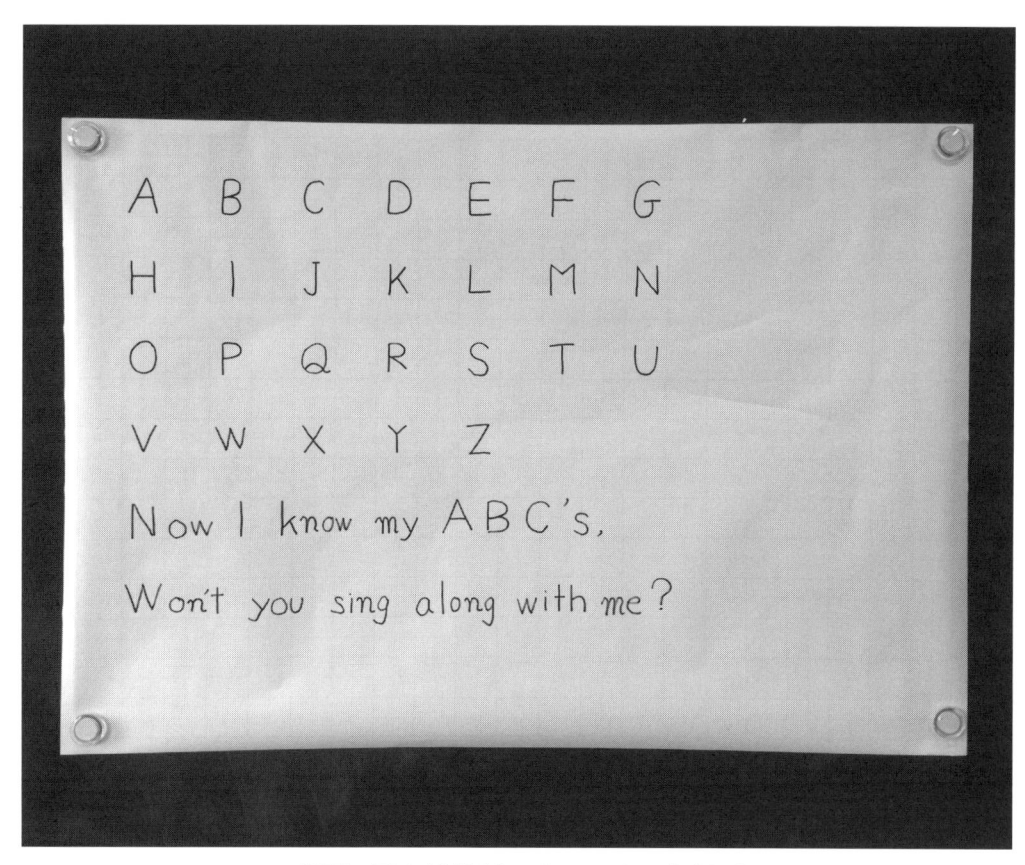

第2章　特別支援を意識した板書

英語の歌も模造紙に書いておくと便利

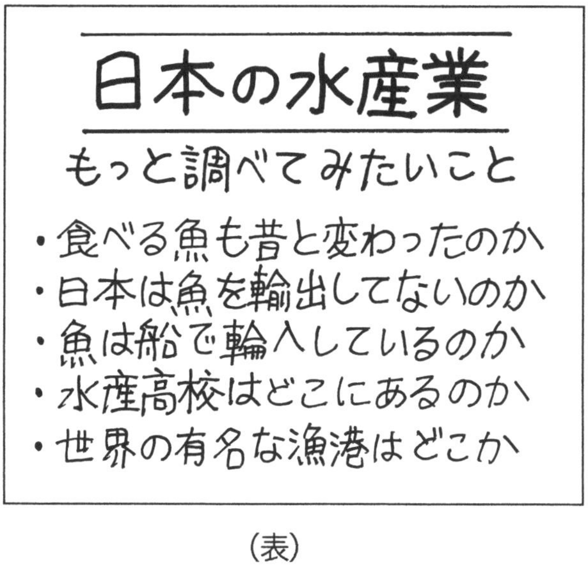

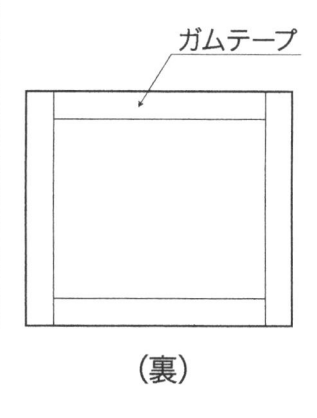

模造紙の裏にガムテープを貼り，補強する

9 大型の補助黒板や「コーワライティングシート」を活用しよう

理由
① 黒板以外に大型の補助黒板（900 × 1800mm）を使うと，書く場所が広くなるので，授業に子どもたちをより積極的に参加させられる。
② 既習内容の復習を示す，公式を書くなど，ヒント用の黒板として活用することができる。

■具体的な手立て

① 授業に子どもたちの意見を取り入れる時，大型の補助黒板を使うと多くの子どもが同時に書くことができる

② 前時の学習内容をまとめて大型の補助黒板に書いておくと，復習に役立つだけでなく，新しい学習問題を考える時に参考になる

③ 「コーワライティングシート」（光和インターナショナル）も活用しやすい

コーワライティングシートは，PP（ポリプロピレン）製で，厚さは 50μ。横60cm×縦80cmのシート25枚が全長20mのロール状になっていて，ミシン目がついているので切り取って使うことができる。ホワイトボード用のペンで書くと消すことができる。

使い捨てのホワイトボードと考えてもいいが，軽く，巻くこともできるので持ち運びやすく，比較的何度も繰り返して使えるのが魅力だ。

模造紙と比べても，書いたものを消せる，破けにくい，静電気で黒板や平らな面にくっつくなどの長所があり，いろいろな場所をホワイトボード化できる。

第2章 特別支援を意識した板書

$$\frac{3}{4} \div 5 = \frac{3 \times 5}{4 \times 5} \div 5$$

$$= \frac{3 \times 5 \div 5}{4 \times 5}$$

$$= \frac{3}{4 \times 5}$$

$$= \frac{3}{20}$$

$$\frac{▲}{●} \div ■ = \frac{▲}{● \times ■}$$

大型の補助黒板をヒント用黒板として活用する

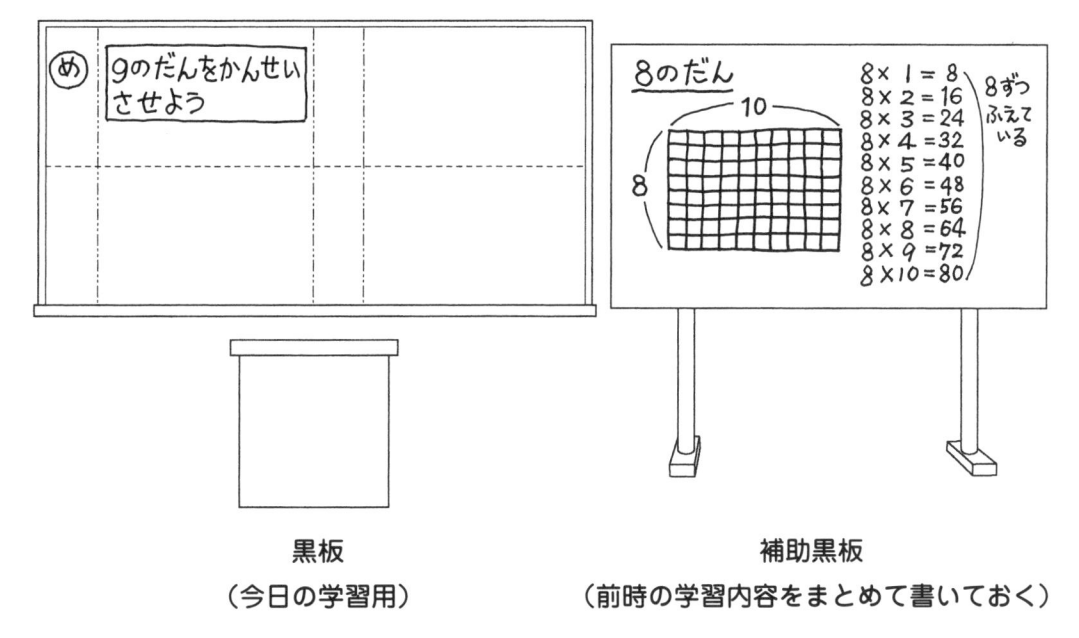

め　9のだんをかんせいさせよう

8のだん
10
8
8×1=8
8×2=16
8×3=24
8×4=32
8×5=40
8×6=48
8×7=56
8×8=64
8×9=72
8×10=80
8ずつふえている

黒板
（今日の学習用）

補助黒板
（前時の学習内容をまとめて書いておく）

10 記憶が苦手な子どものために黒板の使い方を工夫しよう

理由 板書を工夫すると定着指導を効果的に行うことができる。

■具体的な手立て

① ポイントを，チョークの色や太さを変えてわかりやすく表現する

　ポイントは黄色で書くのが原則だが，蛍光色のチョークや太いチョークを使って強調することもできる。

② 〈めあて〉（め）と〈まとめ〉（ま）を必ず関連づける

　〈めあて〉と〈まとめ〉を赤い枠で囲み，復習する時に，ノートでこの2つを読むだけで基本が思い出せるようにする。

③ 消し方を工夫し，ポイントを意識させる

・板書したものを少しずつ消しながら覚えさせる。

・マグネットでポイントになる言葉を隠し，子どもたちに声を出して読ませて記憶させる。

④ 漢字の読みが苦手な子どものために，可能な範囲でいいので，板書した漢字にふり仮名をつける

⑤ 次の5分間テストの問題を書いておくと，自分から勉強しない子どもでも，授業直前にいくつかは記憶しようと努力する

　何度も5分間テストにだす大切な問題については，短冊黒板や紙に書き，数字などを変えて繰り返し使うと，覚えることが苦手な子どもでも記憶に残りやすくなる。

次の時間にする5分間テストの問題を早目に書いておく

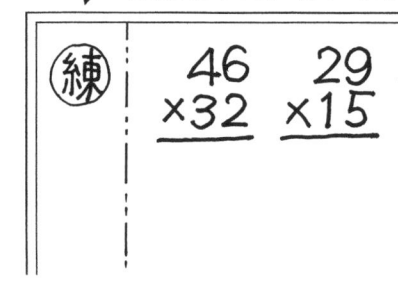

㊟　46　29
　　×32　×15

第2章 特別支援を意識した板書

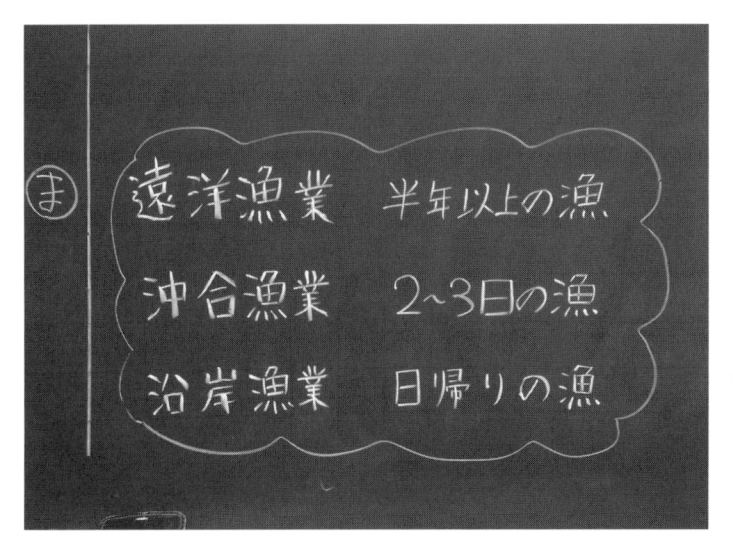

極太チョークは，見た目も文字も，強い印象を与える

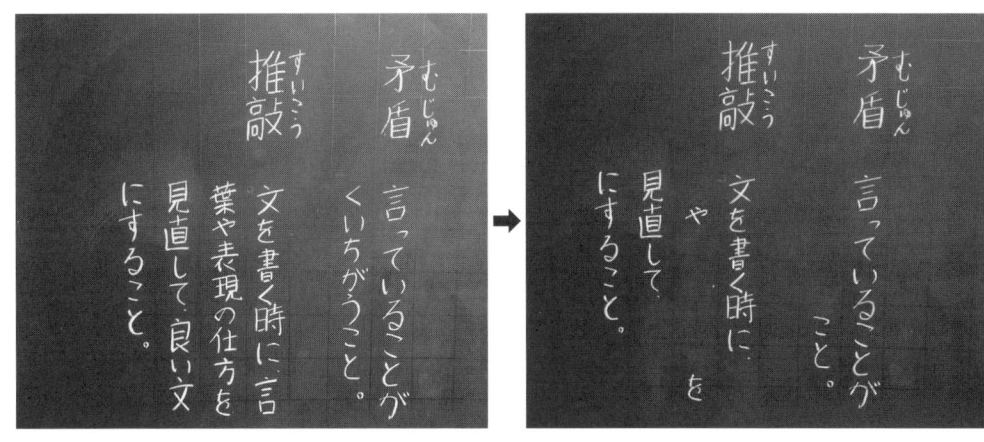

少しずつ消しながら，全部を全員で読ませる
自信のある子には1人で読ませる

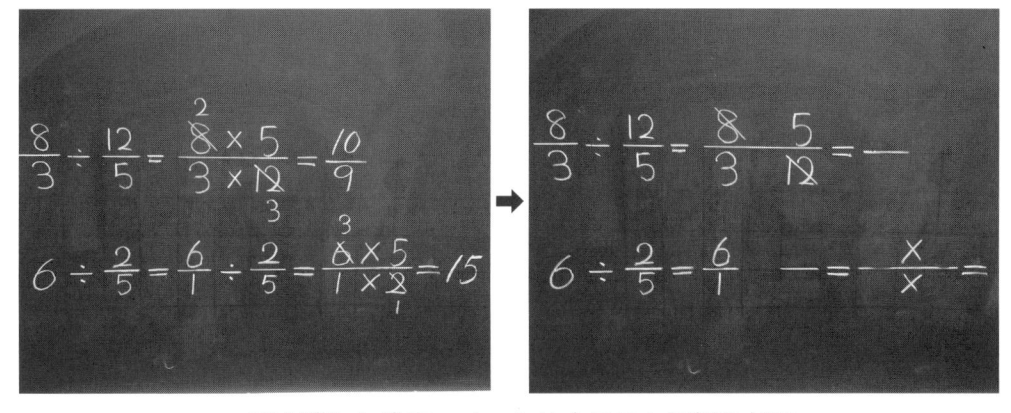

一部を消した後で，ノートや小テスト用紙などに完成したものを書かせる

11　子どもが見直しやすいように黒板でのまとめ方を一工夫しよう

理由　板書はノートに残る。子どもがノートを見直す時に役立つことを考えてまとめ方を工夫すると効果的。

■具体的な手立て

① 違いを整理して強調する

・対比表にまとめる。

項目別にキーワードの違いを整理して書く。

マグニチュードと震度のように2項目の対比表もあれば，酸性，中性，アルカリ性のように3項の対比表もある。

対比表は，子どもたちが忘れた時に見直す際，ポイントを把握しやすい。

	マグニチュード	震度
意　味	地震そのものの大きさ	ある場所での地震のゆれの大きさ
表し方	単位はM（マグニチュード）で表す	0，1，2，3，4，5弱，5強

・違いを強調するイラストでまとめる。

実際よりも強調したイラストでまとめると印象に残る。イラストが苦手な場合は，イラストの本やインターネットのイラストを参考にしよう。

② まとめは数字と関係づけると覚えやすい

学習したことをまとめる時は，一番，ベストスリー，三大○○，4つの秘密などと数字と関係づけてまとめると覚えやすい。

第2章　特別支援を意識した板書

〈違いを強調するイラストでまとめる例〉

川の外側と内側の違い

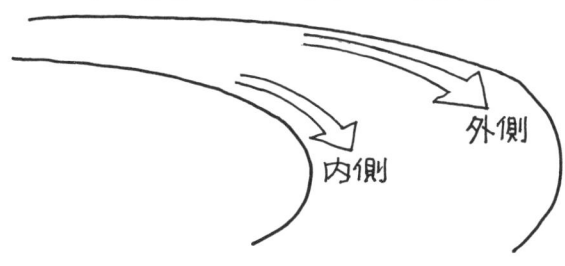

```
        川の流れ・外側と内側
                    ↘
                  ↘   外側
                内側

    ┌─────────┬─────────┐
    │  内 側  │  外 側  │
    ├─────────┼─────────┤
    │・流れはおそい│・流れは速い│
    │・たい積しやすい│・しん食運ぱんがさかん│
    │・川底は浅い│・川底は深い│
    │・小さい石が多い│・大きい石が多い│
    └─────────┴─────────┘
```

〈まとめは数字と関係づけると覚えやすい〉

例えば……

約分は，2，3，5，7，11で割れるかどうかをチェックすればいいことを強調する。

（理解が難しい子どもの場合は，まず 2，3，5の3チェックを定着させる）

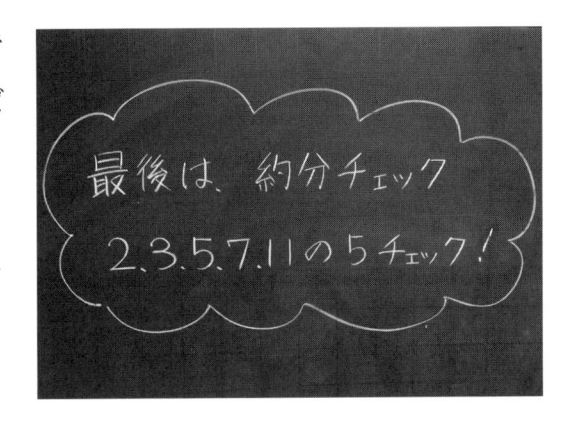

> 最後は、約分チェック
> 2.3.5.7.11の5チェック！

・1番は〜
・トップ3は〜
・4ステップは〜
・〜の最後のチェックは〜
　例：「分数計算の最後のチェックは約分だよ！」

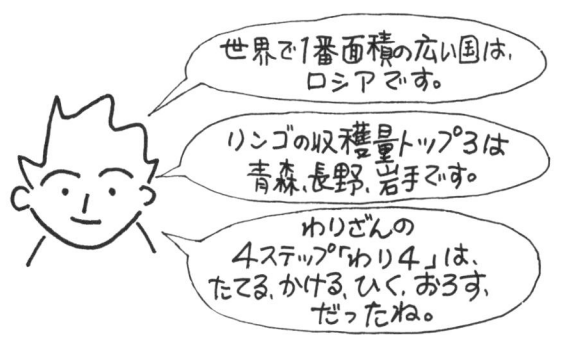

> 世界で1番面積の広い国は、ロシアです。

> リンゴの収穫量トップ3は青森、長野、岩手です。

> わりざんの4ステップ「わり4」は、たてる、かける、ひく、おろす、だったね。

12 子どもの喜ぶキャラクターを開発して，効果的に使おう

理由 キャラクターを使うと，学習意欲が高まる。

■**具体的な手立て**

① 教師キャラクターを定着させる

　教師の顔をキャラクター化して書くと，子どもたちは親しみを持ってくれる。子どもたちは，教師キャラクターが登場するたびに「先生だあ」と喜んでくれる。

　短時間で書けること，毎回同じようなデザインで書けること，個性的であること，教師をイメージできる何かがあることがキャラクター成功の条件だ。

　授業で，学級通信で，ノート指導にとあらゆる機会で使おう。

　教師キャラクターを消しゴムスタンプで作っておくと，手書きとはまた違う味わいがあって便利だ。

横顔バージョン

20年以上使っている私のキャラクター「わっはっは」

② 定番キャラクターをつくる

　教師キャラクター以外にも，目的を特化したキャラクターを作ろう。

　私は，次のようなキャラクターを使ってきた。

・「単位をわすれないでピョン！」としかいわない「単位うさぎ」。
・家庭科室でしか登場しない「おにぎりボーイ」。
・姿勢の悪い子どもを見つけたら怒り出す「椅子型ロボットNO1」。

③ 吹き出しを活用する

　吹き出しはいくつかのパターンを決めて使うと効果的だ。

〈キャラクターを活用しよう〉

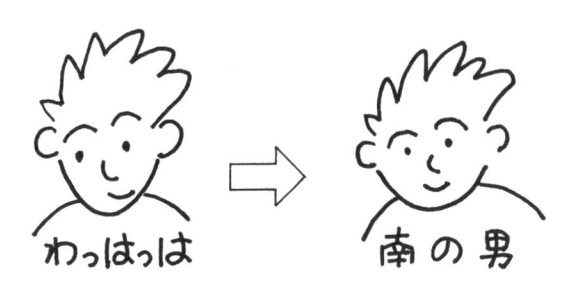

キャラクターに少し変化をつける。

例えば，
- 名前を変える
- 小道具をつける

例：運動会前は，はちまきをつける。
　　歴史学習では，その時代の小物を持たせる。

子どもたちからキャラクターを募集する。

「酸素さん，窒素さん，二酸化炭素さん」のキャラクター募集！

理科が苦手な子どもが興味を示すと大成功。

酸素のキャラクター

算数の文章題で大活躍の「単位うさぎ」時には子どものノートにも飛んでいく

家庭科限定キャラおにぎりボーイ

13 授業以外でも黒板を活用しよう

理由 黒板を授業時間以外にも活用することで，学習指導や学級づくりに役立てることができる。

■**具体的な手立て**

① その日に学習したポイントを板書し，消さずにおく

現在の勤務校では，下校前に「生き生きタイム」という学習時間が15分間ある。

国語と算数を中心に，復習をするが，これはぜひという問題を数問課題として出し復習することにしている。

生き生きタイムでの板書を消さずにおくと，次の日の朝もポイントを短時間に確認することができる。

一日の最後の授業の板書を，学習内容によってはそのまま翌日まで残しておくこともある。一度の板書で二度学習することができるし，個別指導にも活用できる。

② 退庁時に，子どもたちへのメッセージを書いておく

次の朝登校してくる子どもたちへのメッセージを書く。毎日書くのもよいが，前日叱った時，逆によく頑張ったと思う時などに書くのも効果的だ。

③ 退庁時に翌日の子どもたちへの課題を書いておく

「犬の顔を描きましょう」「好きなおかずの絵を描きましょう」「好きな漢字を1つ書きましょう」という課題を出したり，「今日の体育でみんなでしたい10分間遊びは何？」と公開アンケートを行うなど，朝登校した時に子どもたちに参加を呼びかける黒板の使い方は楽しい。

子どもたちも，楽しんで書く。毎日出してと，リクエストされるぐらいである。

写真に撮って学級通信に載せる素材にも使える。

第 2 章　特別支援を意識した板書

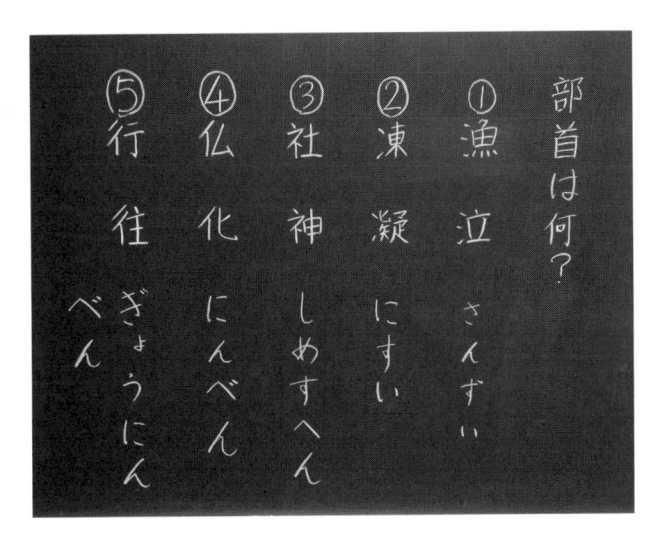

・その日最後に学習したことを残しておくと、翌日、短時間に復習することができる。

部首は何？
① 漁 泣　さんずい
② 凍 凝　にすい
③ 社 神　しめすへん
④ 仏 化　にんべん
⑤ 行 往　ぎょうにんべん

・メッセージは、明るい1日のはじまりを予感させるものにしたい。

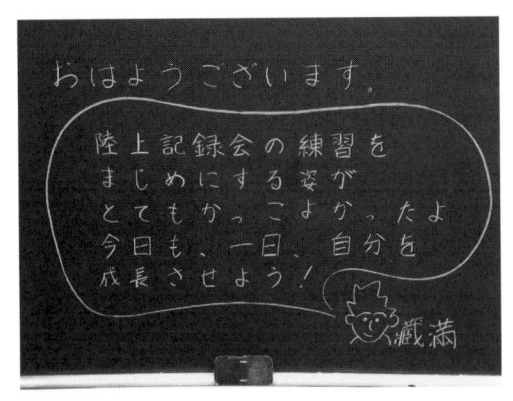

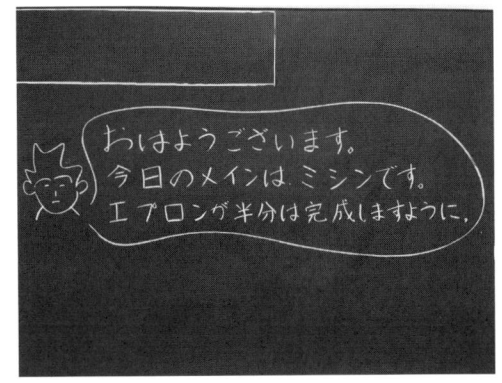

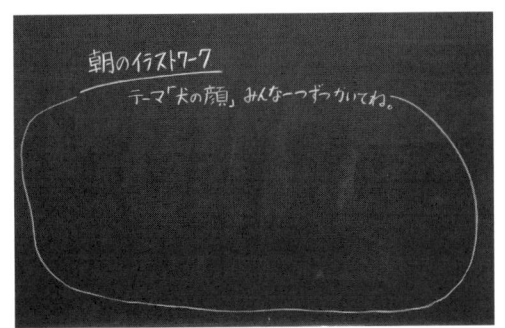

・朝のイラストワークは大人気だ。
・雰囲気を盛り上げるためにも役立つ。

14　集中できない子どもには，黒板に集中させるテクニックを使おう

理由　集中することが難しい子どもには，効果的な演出が必要。いろいろな手立てをとり，教師と黒板に集中させることが大切だ。

■具体的な手立て

① カーテンを活用する
  ・事前に書いておいた地図や問題などをカーテンで隠しておき，さっと開いて見せる。

② 音を出して注目させる
  ・聞き慣れている教師の声には反応しなくても，チャイムの音にはすぐに反応する子どももいる。卓上ベルもよいが，家庭用の玄関チャイムなどで，音を変えられるものも便利だ。
  ・指でこつこつと黒板をたたくと，集中させるのに効果的なこともある。

③ 集中させる導入を工夫する
  ・実物を教材として提示する。
  ・クイズを出す。
  ・新聞を広げて記事を読みだす。
  ・興味を持たせる語りで始める。
  「そういえば，先生の疑問を聞いてもらえるかな」
  「あった，こんなところに」といいながら教材を出す。
  「誰もわからないと思うけど」といって，とても簡単な学習課題を出す。

④ いきなり……
  ・チャイムと同時に板書を始める。
  ・チャイムと同時に指名して問題を出す。

第2章 特別支援を意識した板書

〈カーテンの活用〉

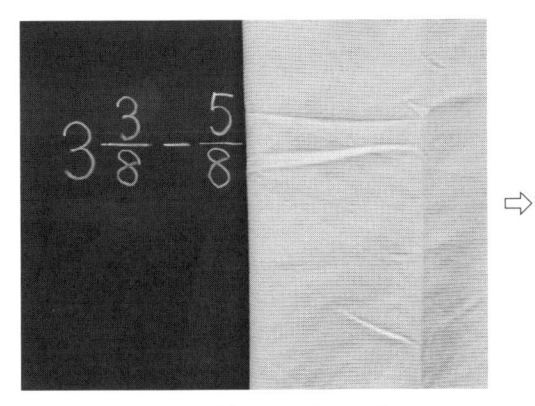

カーテンで答えを隠しておく 　→　模範解答はカーテンの下にある

〈集中させる導入の工夫〉

国旗3枚を黒板に貼って,「気がつくことがありますか」と発問し,イギリスの国旗がふくまれる国旗のある意味を考えさせる。

○○国のお札　　　　○○国の学習の導入

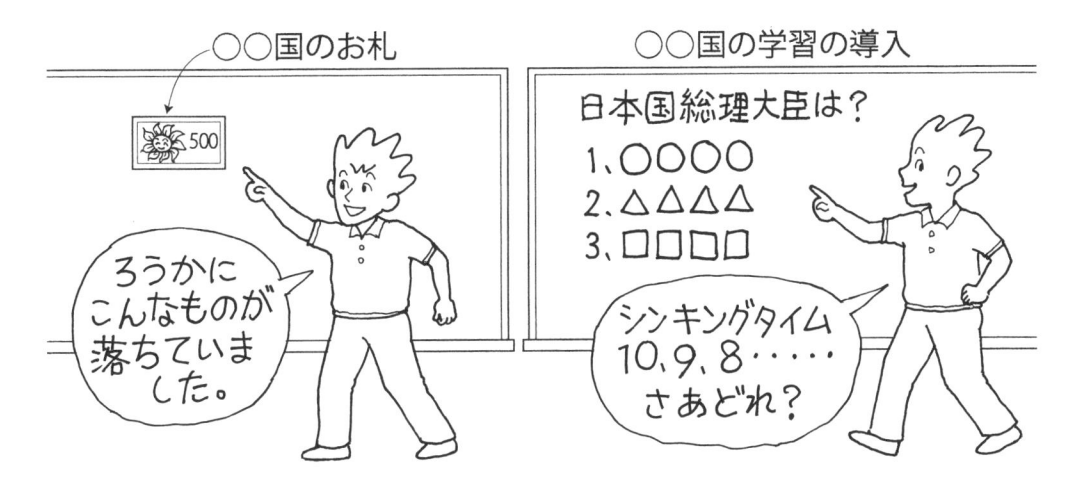

ろうかにこんなものが落ちていました。

日本国総理大臣は？
1, ○○○○
2, △△△△
3, □□□□

シンキングタイム 10, 9, 8 ……さあどれ？

「○○国の学習」の導入として,「シンキングタイム。10, 9, 8, ……。さあどれ？」とクイズを出す。

15 電子黒板や大型テレビ，プロジェクターを活用しよう

理由 目的に応じて電子黒板や大型テレビ・プロジェクターを活用すると子どもの学習意欲が高まる。また，教師にとっては個別指導の時間を確保することにもなる。

■具体的な手立て

① 電子黒板を使う

・黒板と同じように使うことができるが，事前に教材を準備しておくことで教材提示の時間が節約できる。

・授業記録を簡単に保存することができる。

② 大型テレビで学習ソフトを使う

・電子黒板が使える環境にない場合でも，パソコンを使って学習ソフトの画面に書き込みができる機能がある場合は，大型テレビを電子黒板のように使うことができる。

・学習ソフトを使う場合は，導入で使う，実験を例示する，計算過程のアルゴリズムを見せる，練習問題と解き方を例示する，文章題の意味を動きのあるアニメーションで表示するなどの方法がある。

③ 教材を動画で示す

・NHK の放送やインターネット上の動画，市販されている動画 DVD を効果的に使うと，子どもたちの興味関心を高めるだけでなく，印象に残りやすく記憶もされやすい。

・社会科では，実際に見学に行くことのできない場所の映像を見せることで子どもたちの理解が深まる。

・理科では，観察や実験の再確認をしたり，動画で見る方が理解しやすい事柄について，動画で確認することができる。

学習ソフトを効果的に使おう〈比例のまとめ段階での使用例〉

教　師「表を見て，比例しているかどうかはどうやって判断しますか。」
子ども「一方が2倍3倍になっている時に，もう一方も2倍3倍になっている時，2つは比例の関係にあると思います。」
教　師「いろいろな関係の表を見て，比例しているかしていないかを判断してみましょう。」
　※大型テレビの大画面に，いろいろな表を示して，子どもたちに比例しているかどうかを考えさせ，理由付きで発表させる。

　比例している関係も比例していない関係も，簡単に大画面に示すことができて便利だ。
　また，数値を自由に変えることができるので，豊富な練習問題を次々に示すことができ，問題をたくさん経験させることができる。

学習ソフト例

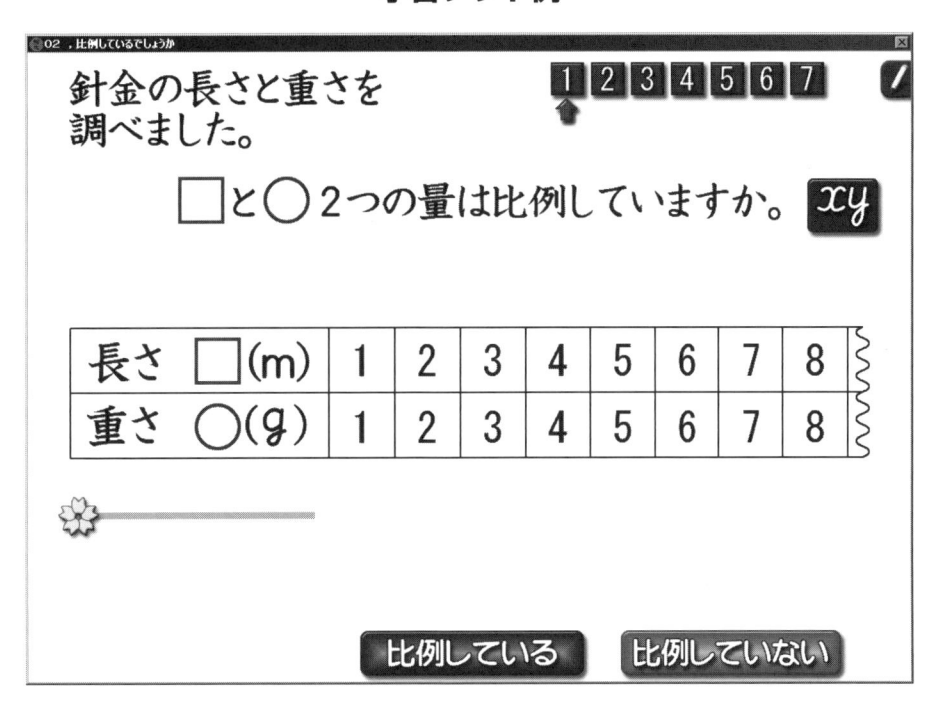

※画像は，横山験也監修／藤原明日香編著『算数の授業小学6年生③　比例・反比例』さくら社より転載。

タブレット活用法

　iPadは授業で多様に活用できる超便利グッズだ。
　教材を写真で提示したり，授業中に話題になった物の写真や音楽を検索して，その場で子どもに見せたり聴かせたりすることができる。また，音読や歌や演奏を録音・録画して本人や他の児童に聞かせることも簡単だ。大型テレビが教室にあれば，接続して大画面で提示することも可能だ。
　このように多様な活用が考えられるiPadだが，板書を記録する道具としても役に立つ。iPadで撮影すると，パソコンなど他の機器を使わなくても黒板全体を確認することができるので便利だ。
　子どもが黒板に意見や考えを書いた場合は，誰が何を書いたかを一瞬で保存できるので，授業後の個別指導に役立てることができる。
　授業中に触れられなかった子どもの板書があった場合にも，その子どもを，画面を見ながら個別に評価したり指導することもできる。
　また，ノートを時間内に書き終わることができない子どもに，保存した板書の写真を見せて視写させることもできる。
　授業の終わりに撮影するだけで，簡単に授業記録をとることができるので，授業を振り返ったり，次に同じ単元を指導する時に役立てることができるのもありがたい。
　近い将来，教室に数台，または子ども一人に1台配布されるようになると，iPad自体がノートになったり黒板になったりするのかもしれない。

第3章

特別支援を意識した ノート指導

1　ノートと筆記用具にはとことんこだわろう

理由　どんなノートと筆記用具を使うかで，学習への集中力と理解力が左右される。

■具体的な手立て

① ノートは同じ形式のノートを使わせたい

　各学年に適したノートを選び，なるべく全員に同じ形式のノートを使わせたい。書く場所を指示する時に一斉指導がしやすいからである。

　国語のノートは，4～6年は行ノートが望ましいが，文字の大きさが揃いにくい子どもや，読みやすい文字を書くことが難しい子どもには，方眼ノートを使わせたい。

・国語ノート

1年生　　　マスノート　十字リーダー入り　1行6マスから12マス

2年生　　　マスノート　十字リーダー入り　1行10マスから15マス

3年生　　　行ノート　中心リーダー入り　12行から15行　目盛り付き

4～6年生　行ノート　中心リーダー入り　15行から17行　目盛り付き

・社会・理科ノート

3～6年生　10mm方眼ノート　十字リーダー入り

・算数ノート

1～2年生　マスノート　十字リーダー入りB5横　1行6マスから8マス

3年生　　　マスノート　B5判縦　横12マス縦17行

4～6年生　10mm方眼ノート　十字リーダー入り

・漢字ノート

1ページに84字～120字

② 鉛　筆

　２Ｂ以上の軟らかい鉛筆を５本以上用意させる。

　家で研いで来るように習慣づけたいが，様子を見て，習慣づけることが難しいと判断した時は，朝登校した時か，１時間目の休み時間に研ぐように声かけをする。鉛筆の用意ができていないと，学習に集中することが難しいだけでなく，文字が書きづらく余計なことに意識をとられてしまう。

　運筆が苦手な子どもには４Ｂか６Ｂが使いやすい。

　三角形の鉛筆も大きな文具店に売っているので，鉛筆をしっかり固定して持つことが苦手な子どもには使わせたい。

　鉛筆の持ち方がどうしても定着しない子どもには，鉛筆の持ち方を練習するための道具が文房具店に売っているので，購入してもらい，つけて練習するようにさせよう。

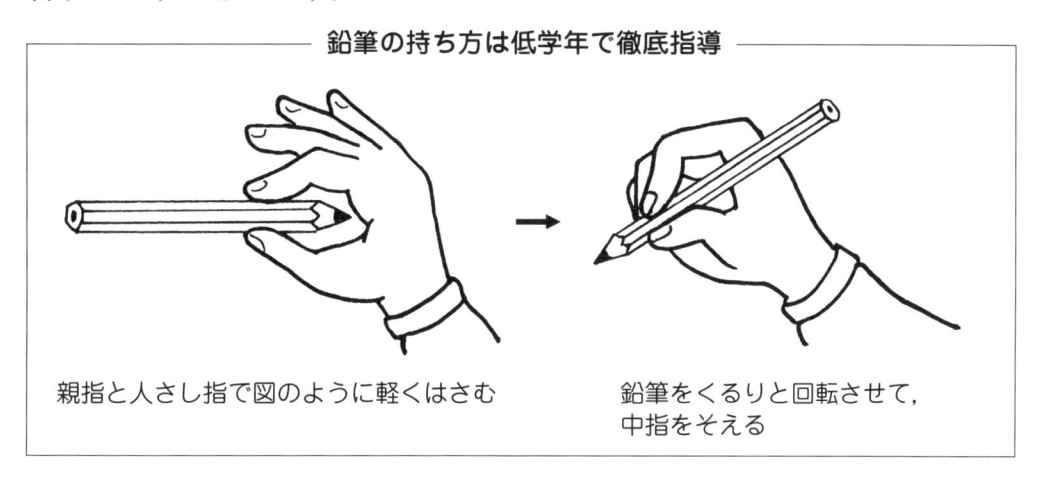

――― 鉛筆の持ち方は低学年で徹底指導 ―――

親指と人さし指で図のように軽くはさむ　　　鉛筆をくるりと回転させて，中指をそえる

③　赤色は手遊びにつながらないものを使わせよう

　赤鉛筆でも赤ペンでもいいが，低学年は赤鉛筆の方がキャップがなく扱いやすい。赤ペンを使う場合は，ノック式はカチャカチャする手遊びにつながるので避けたい。

　通常使うのは，鉛筆以外に，赤鉛筆か赤ボールペン，青鉛筆または青ボールペンがおすすめだ。複数の色が使えるペンは，どうしても手遊びの道具になりやすいのでおすすめできない。

2 消しゴム，下敷き，定規類にも とことんこだわろう

理由 学習環境づくりは，小さな文房具を見直すことから始まる。

■具体的な手立て

① 消しゴム

よく消える，キャラクター物でない消しゴムが学習に集中しやすい。

定番物の，トンボ鉛筆のMONO消しゴムやステッドラーの消しゴムはとても使いやすい。

株式会社ヒノデワシのまとまる君は消しくずがまとまるという優れもので使い勝手もよい。

② 定　規

端から測れる定規が，戸惑わなくていいが，一般的ではないので，手に入れる努力が必要だ。

計算練習には短い定規が使いやすい。一般的な定規をカッターなどで切ってあげてもよい。

左利き用の定規も必要な場合はすすめたいが，保護者に判断してもらう。

長さを読むことが苦手な子どものために，cmの目盛りだけを書いた定規を自作して使用させる。（下図）

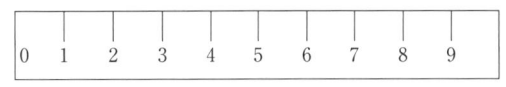

厚紙で作るcm定規

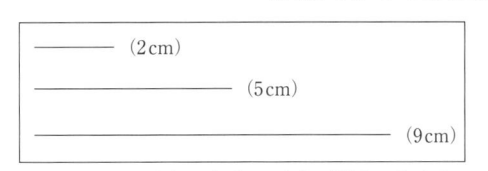

いろいろな長さをたっぷり測らせよう

定規の使い方は，個別に確認して，確実にできるようになるまで指導する。

左のような長さを実際に測るプリントで繰り返し指導する。

最初の0を書き込むように習慣づける。

第3章 特別支援を意識したノート指導

③ 下敷き

必ず使用させる。ノートがＡ４なら下敷きもＡ４サイズが扱いやすい。無地が集中しやすい。

④ 分度器

どの数字を読めばよいのか迷う子どもには，市販の分度器を加工して一方方向の目盛りにして練習させたり，市販の一方方向のみの目盛りがついた全円分度器を使ったりして指導する。

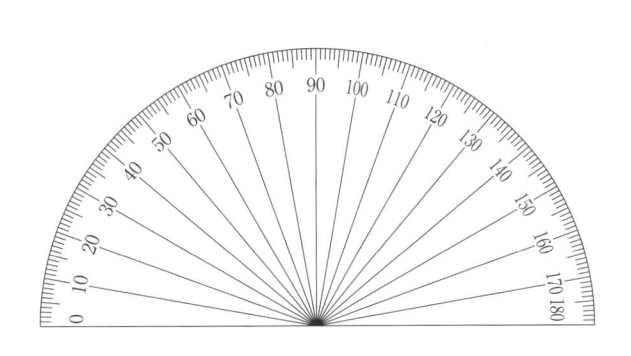

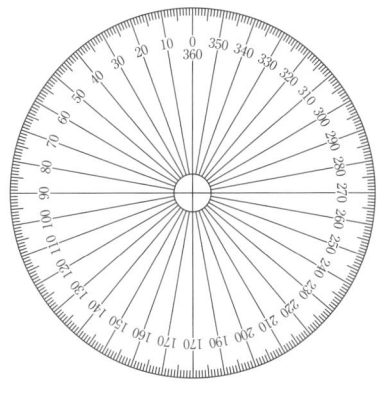

（共栄プラスチック株式会社製）

⑤ コンパス

子どもの用意した物が，ねじがしまりにくいために使いにくいことがあるので，教師がいくつか用意しておく。

教師が一式揃えておくことが大切。忘れる子どもは必ずいると考えて準備しておく。

定期的に記名を確認することも大切。

予備の文具

3 子どもが書きやすいように ノートの使い方を一定にしよう

理由 ノートの使い方を一定にすると，書くことが苦手な子どもも書きやすくなる。また，見直しもしやすい。

■具体的な手立て

① どの教科にも共通する書き方

・日付を書く。

　1時間の学習の始まりを意識させるだけでなく，見直す時に日付で検索しやすい。

・ノートに書く色の使い方を決める。

　板書では，赤色は色覚に課題がある児童への配慮として囲み枠にしか使わないが，ノートでは黄色は見にくいので重要語句や定義を書く時も赤色を使う。

黒（鉛筆）	板書の白チョーク：見出し，単元名
青	自分の考えを囲む
緑	疑問点を書く　※緑線：よくわからない言葉，文章
赤	板書の赤チョーク：重要語句，定義 ※赤枠で囲む：めあて（め），まとめ（ま）

・ひとまとまりごとに，スペースを空ける。

　板書でも，スペースを空けて書くが，それでも詰めて書く子どもがいる時は，黒板にスペースを意味する記号を書き注意させる。

・線は原則として定規で引く。

　フリーハンドで，ある程度まっすぐな線を引ける子どももいるが，曲がってしまいがちな子どももいるので，原則としては定規を使ってまっすぐな線を引かせるようにする。定規を忘れた子どもには教師が貸し出す。

第3章　特別支援を意識したノート指導

② 教科ごとにパターンを決める

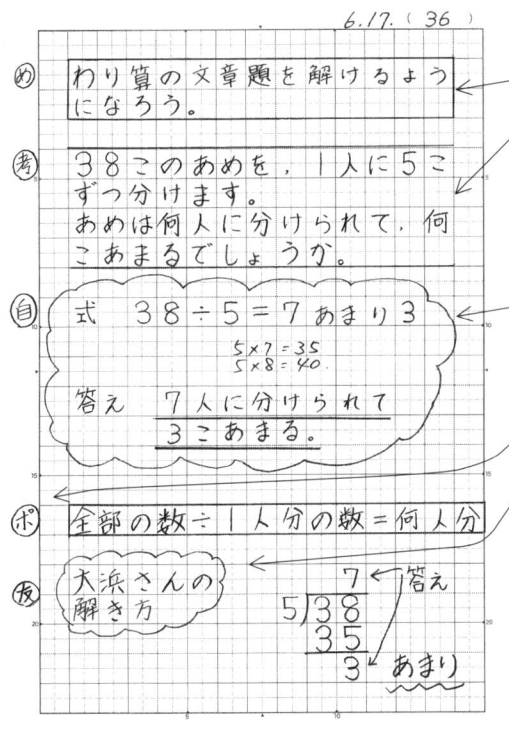

※横書きの場合（国語以外）

㋱ めあてを書き，赤枠で囲む。

㋕ 考えてみよう。
　　新しい問題を書く。
　　上下に赤線を引く。

㋐ 自分の考えを書き，青の自由線で囲む。

㋧ 大切なことを書く，赤枠で囲む。

㋨ 友だちの考えを書く。

㋮ みんなの発表をもとに，先生と，今日の問題の解き方をまとめる。赤枠で囲む。

㋡ 練習問題を解く。

※縦書きの場合（国語）

㋱ めあてを書き，赤枠で囲む。

㋕ 考えてみよう。
　　新しい問題を書く。
　　左右に赤線を引く。

㋐ 自分の考えを書き，青の自由線で囲む。

㋧ 大切なことを書く。

㋨ 友だちの考えを書く。

㋮ みんなの発表をもとに，先生と，今日の問題の解き方をまとめる。赤枠で囲む。

4 学習方法をパターン化しノートをとりやすくさせよう

理由 学習の方法をパターン化すると計画的に学習を進めることができるので，学習障害のある子どもが学習しやすい。

■具体的な手立て

① 基本の学習スタイルを文書にまとめる

パターン化できるものについては，学習の基本スタイル（マニュアル）を明文化し，ワークシート化も行う。

- ・漢字の学習マニュアル
- ・インタビューの学習マニュアル
- ・説明文の学習マニュアル
- ・詩の学習マニュアル
- ・調べ学習マニュアル※
- ・国語辞典の学習マニュアル※
- ・物語文の学習マニュアル
- ・作文を書くマニュアル
- ・手紙を書くマニュアル
- ・算数の学習マニュアル
- ・音読の学習マニュアル
- ・観察学習のマニュアル

（※のものは，巻末にワークシート化したものがあります。）

② 6W3H発想法（☆印は，5W2H）を紹介する

何かを考える時に役に立つ発想法として学習のなかで使う。

When	いつ☆	How	どのように☆
Where	どこで☆	How much	いくら☆
Who	だれが☆	How many	どのくらい
What	何を☆		
Why	なぜ☆		
Whom	だれに		

第3章　特別支援を意識したノート指導

物語文読解マニュアル
1　題名読みをする。
　　※題から連想したことを書く。
2　試し読みをする。
　・読めない字，意味のわからない言葉に鉛筆で印をつける。
　・形式段落に番号をつける。
3　読めなかった漢字の読み方は，教科書や辞典で調べたり，人に聞いたりしてノートに書く。
4　意味のわからない言葉は，辞典で調べてノートに書く。
5　基本情報をまとめる。
　・主人公はだれで，どんな人物か。
　・ほかの登場人物はだれで，どんな人物か。
　・時代はいつか。・場所はどこか。
　・季節や時間はいつか。
　・文章に特色があるか。
　　※「対比」「擬人法」「体言止め」「会話文が多い」「昔の言葉づかい」など。
6　くわしく読む。
　・わからなかったことを友達と話し合う。
　・興味を持ったことをもっと調べる。
　・感動したことを言葉や絵などで友達に伝える。
　・作者について調べる。
7　学習をまとめる。
　・漢字の読み書き意味を覚える。
　・知らなかった言葉の意味が言えるようにする。
　・あらすじを書く。・感想を書く。
　・学習して学んだことを文に書く。
　　※もっと勉強するなら。
　・同じ作者の書いた物語やエッセーを図書室で見つけて読んでみる。

算数の学習マニュアル
1　練習問題を解く。
2　説明を聞く。
3　めあてを書く。
4　今日の問題を解く。
5　友だちの解き方を知ったり，自分の解き方を紹介する。
6　正しい解き方を知り，ノートにまとめる。
7　練習問題を解く。

音読練習マニュアル
1　試し読みをする。
　・読めない字，意味のわからない言葉に鉛筆で印をつける。
2　読めなかった漢字の読み方を調べる。
　　※教科書，辞典，人に聞くなど。
3　意味のわからない言葉を辞典で調べる。
4　次の音読の目標に気をつけて読む練習をする。
　　※可能なら録音して聞く。
　・本を正しく持つ。
　・元気よく読む。
　・漢字を正しく読む。
　・文書にそったスピードで読む。
　・，で一拍，。で二拍休む。
　・場面の様子や登場人物の気持ちが，聞いている人に伝わるように読む。
5　音読の目標をもとに自分で反省し，次の目標を立てる。
6　人に聞いてもらい，感想をたずねる。必ず1つは，次の目標につながることをいってもらう。

観察学習マニュアル
1　観察する。
2　気になることはメモする。
3　観察して数字で表せるものは，数字で記録する。
　・長さ，かさ，重さなど数字で記録できるものはないか考え，正確にはかる。
　・友達と同じ物を測って数字を比べ，違う時は測り直す。
　・単位を正確に書く。
4　見た目で前回と違うところがあればメモする。
5　絵や写真で記録する。
　　※前回と違うところがわかるように記録する。
　　※色は言葉でもメモしておく。
6　わからないことは，図鑑や事典で調べる。

5 計算手順・思考手順をノートに整理させよう

理由
① 計算や思考の経過がノートに書いてないと，役に立たない。
② 計算の方法を忘れた時に見直して思い出せる辞典の役割を大切にしたい。

■具体的な手立て

① **計算手順を一度はていねいに書かせる**

・授業のまとめでノートに視写させる。

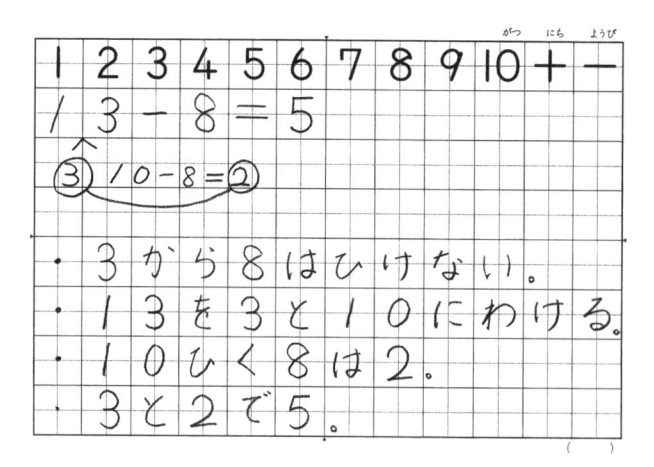

```
1 2 3 4 5 6 7 8 9 10 + －
13－8＝5
 ③ 10－8＝②
・3から8はひけない。
・13を3と10にわける。
・10ひく8は2。
・3と2で5。
```

・手順に従って書き込む練習プリントで練習させる。(右ページの「ていねいに計算しようシート」)
・ノートを点検し，定着したか判断する。
・思考過程も吹き出しで書かせる。
・定着が難しい子どもには，計算手順を読める形式でまとめた紙をノートに貼らせて音読させる。

② **練習問題でも，計算手順を省かずに書かせる**

・わからなくなった子どもには，ノートのまとめた部分を見ながら取り組ませる。

〈ていねいに計算しようシート〉

```
ていねいに計算しようシート　　分母のちがう　分数のひきざん
 年  名前
                                                    ※約分チェック
```

$$\frac{\square}{\square} - \frac{\square}{\square} = \frac{\square}{\square} - \frac{\square}{\square} = \frac{\square}{\square}$$

1 分母の最小公倍数を見つける

□ ＿＿＿＿＿＿＿＿＿＿＿＿＿＿＿＿＿＿＿＿＿＿＿＿＿＿＿

□ ＿＿＿＿＿＿＿＿＿＿＿＿＿＿＿＿＿＿＿＿＿＿＿＿＿＿＿

2 通分する

$$\frac{\square}{\square} = \frac{\square}{\square} \qquad \frac{\square}{\square} = \frac{\square}{\square}$$

答え □

慣れてきたら，このシートを見ながらノートに問題を解かせる。
見ないでもいいようになるまで，このシートを参考にさせる。

6　算数のノートに補助記号を書くことが普通になるまで指導しよう

理由
① 学習の手順を身につけると基本的な問題が解きやすくなる。
② 算数の時，補助記号の書き方を徹底して指導すると，思考パターンが自然と身につく。

■具体的な手立て

① 各計算ごとの補助記号の書き方を決める

　最善と思う補助記号を決めたら，年間通して徹底して指導する。

　ノートに，補助記号の完璧版を書き込ませ，わからなくなった時に見て確認することができるようにする。

② 補助記号の書き方を決める

　なるべく学校全体で補助記号の書き方を統一する。

　担任がかわっても，他の教師が臨時に指導を行っても，同じ補助記号だと子どもが戸惑わない。

　算数が苦手な子どもに余計なストレスを与えずにすむ。

③ 「補助記号をはっきりと書こう」と指導する

　何を書いたのかわからないのでは書いた意味がない。

　小さな字で素早く書くのではなく，読みやすい字でゆっくり書くよう指導する。

　小テストや練習問題では，補助記号に半分の配点をする。

④ 補助記号を書く場所を設定したワークシートを作成する

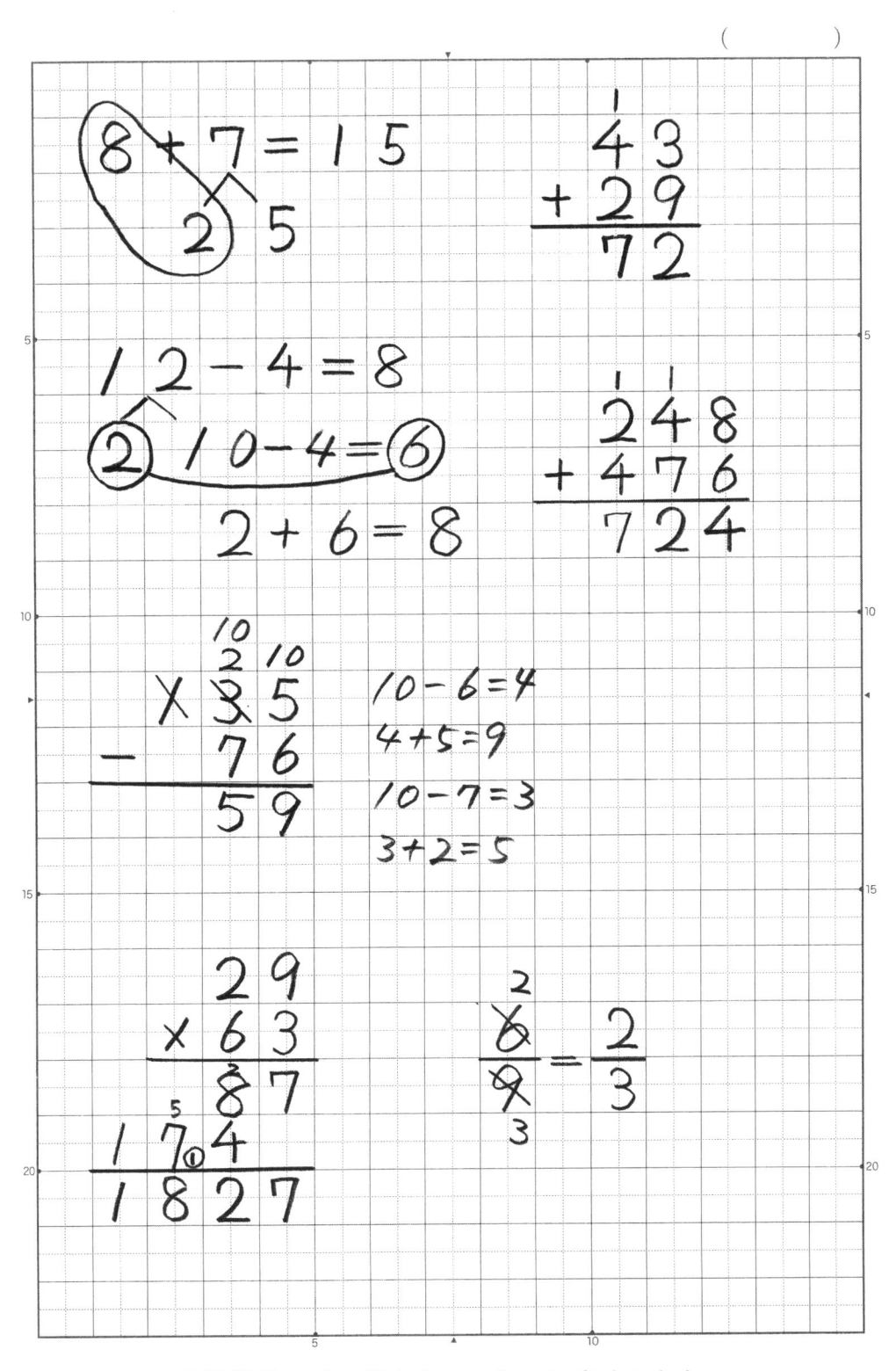

第3章 特別支援を意識したノート指導

筆算指導では，数字をていねいに書くことと，
縦横をそろえて書くことを徹底して指導する。

7　子どもの理解を助ける定番の図を指導しよう

理由　定番の図の書き方を覚えると，学習したことの理解が深まり，定着率も高まる。

■具体的な手立て

① 日本地図　　② 世界地図

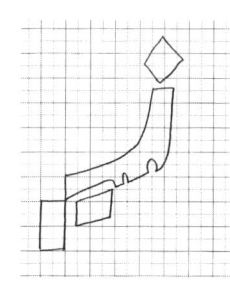

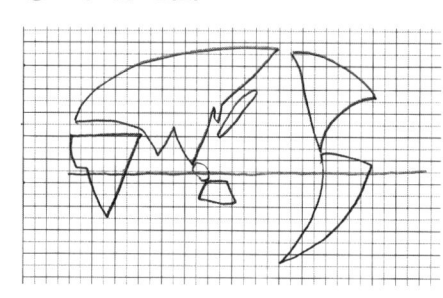

卵形のなかに描いた世界地図の略図です。

簡単な日本地図・世界地図を，すぐ書けるように練習させる。

③ 四則計算

・たし算……たし算は，合併，添加，増加と分類することができる。
　　　　　　下のように，文章題を図示すると，正しい立式につながる。

　合併（あわせると全部でいくら）
　　　　□□□→←□□　3＋2

　添加と増加（ふえると全部でいくら）
　　　　□□□←□□　3＋2

・ひき算……ひき算は，求残，求補，求差と分類することができる。

　求残（のこりはいくら）
　　　　□(□□)→ 3－2

　求補・求差（ちがいはいくら）
　　　　□□□　　　5－3＝2
　　　　□□□□□

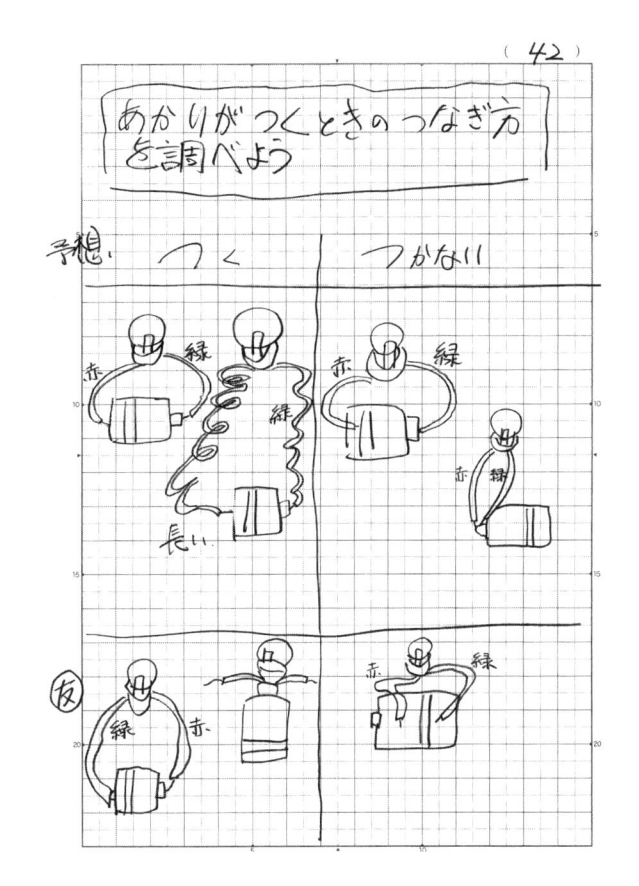

④ 対比表

　対比できるものは，対比表にまとめると理解しやすい。

　違うところが何か，わかるように図をかかせる。

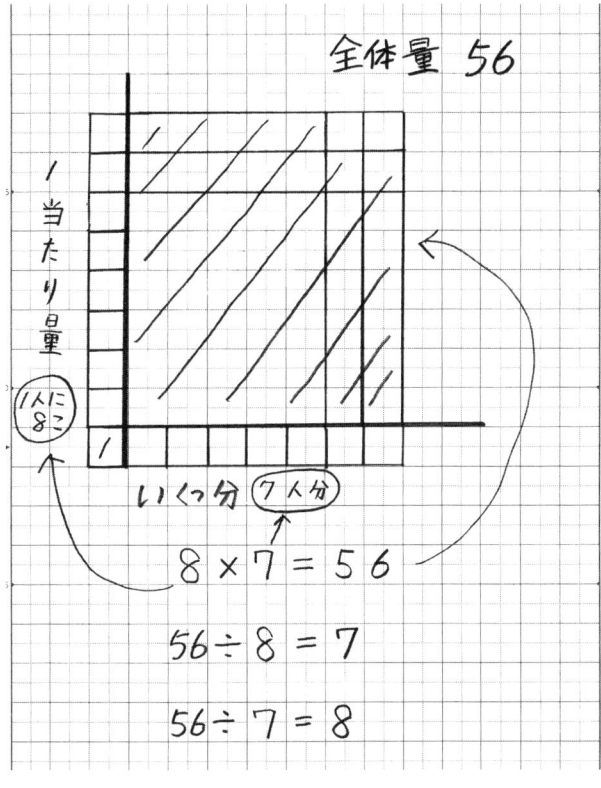

⑤ かけわり図

　算数のわり算とかけ算は，かけわり図で指導すると，一貫した指導ができる。

　かけ算とわり算が混ざった問題や，文章題などで正しい式を立てることが簡単になる。

8　定期的にノート点検と指導をしよう

理由　ノート指導は，事前の指導以上に見届けが大切。見る機会を増やすとノートの完成度も高くなる。

■**具体的な手順**

① いろいろな機会にノートを点検する

・学習前に：

　ノートに書く宿題を出して，ノートを朝提出させる。この時に，授業中のノート記入を点検する。

・授業中に：

　見て回る時にチェックし，指導する。

　課題を出し，教師のもとに持参させて見る時は，ノートの書き方についても指導する。

・授業の後に：

　ノートを回収してチェックする。

② 具体的にほめる，例を示して指導する

　ノートがきれいに書けていたら，「スペースの取り方が上手」「字がていねいだね」「赤丸の付け方が上手だね」と具体的にほめる。

　毎月ノートを審査して，「ノート花丸賞」「ノート金賞」などと称して表彰してもよいが，1人1回の受賞とするなど，バランスがとれるように配慮する。

　ノートの書き方がなかなか定着しない子どもには，直接モデルを教師が書き込んだり，お手本をノートに貼るなど例を示して指導する。

〈ノート指導は具体的にする〉

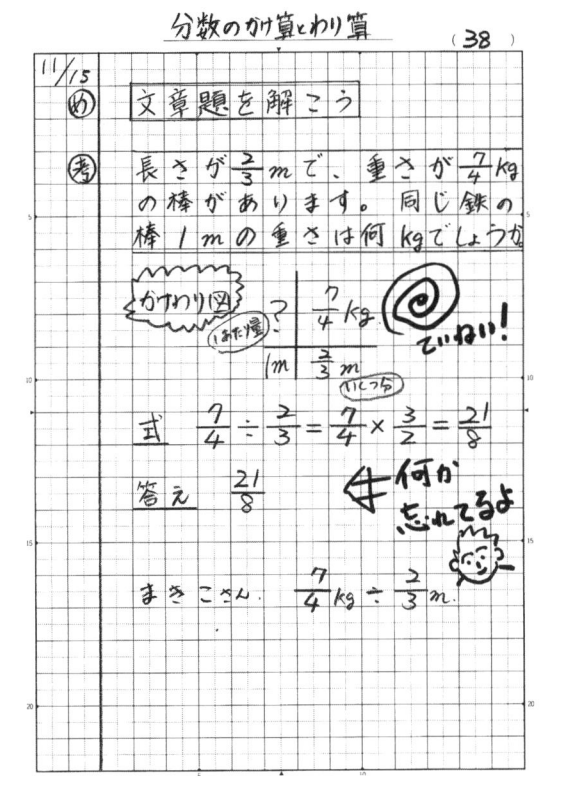

〈ノートの点検ポイント〉

ページ数を書いているか。

日付を書いているか。

めあては赤枠で囲んでいるか。

考える問題の上下に赤線を引いているか。

自分の考えを書いているか。

間違いはないか。

書き忘れはないか。

字はていねいか。

定規を使って線を引いているか。

鉛筆はとがっているか。

〈ノート点検に使えるグッズ〉

・スタンプ
　キャラクター物が市販されているので活用する。
　消しゴムで手作りしてもよい。
・シール
　たいへんよくできました，金賞などのシールを，特にていねいに書いている時などに使う。

※黎明書房では，ご褒美シール「エライ！ シール」を，8シート1組で販売している。1シート2種各20枚。詳しくは黎明書房のHP参照。

9 子どもの理解を助けるイメージマップ，マンダラートの指導をしよう

理由 図解は理解への早道であると同時に記憶の再生にも役立つ。

■具体的な手立て

① **イメージマップを指導する**（30ページも参照）

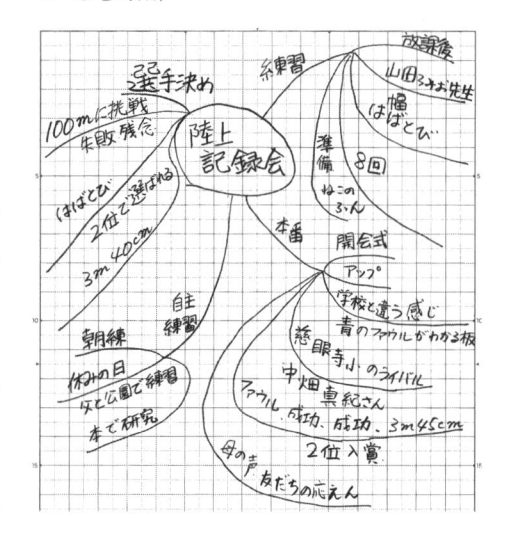

1　中心にテーマを書く。
　（例：陸上記録会）

2　中心に書いたテーマから線を引いて，テーマから連想する言葉のなかから特に大切と思う言葉を書く。言葉は曲線に沿って書く。
　（例：選手決め，自主練習，練習，本番）

3　大切と思う言葉から線を引き，連想する言葉を1本の線に1つ書く。

4　完成したイメージマップをもとに，論文や作文の構想を立てる。

　イメージマップを書くと，自分の知識や経験を1枚の紙に整理することができる。

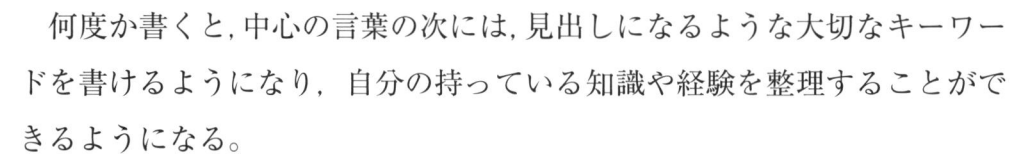

　何度か書くと，中心の言葉の次には，見出しになるような大切なキーワードを書けるようになり，自分の持っている知識や経験を整理することができるようになる。

　また自分でも忘れていたことを思い出すこともある。

　イメージマップを書くことで，自分の考えを深めたり，新しい発想が生まれるきっかけになることも期待できる。

＊参考文献：トニー・ブザン，バリー・ブザン著『ザ・マインドマップ』ダイヤモンド社。
　　　　　　井上光広指導『マインドマップで作文』小学館。

② **マンダラートを指導する**（30ページも参照）

マンダラートは，正方形の9つのマスを使う思考方法である。

中央のマスに中心課題を言葉で書き，残りの8つのマスを中心課題から連想した言葉で埋めるのである。

8つのマスを埋めることが重要で，むりやりにでも考え出すことが新しいアイディアを生み出すことにつながる。

また，8つのマスに書いた言葉のなかから，気になるものを選んで，新しいマンダラートの中心に書き，残りのマスを埋めることで，考えをより深めることができる。

1　学習のキーワードになる言葉を指定して中心に書かせる。簡単に書けるイラストなら添えてもよい。

2　キーワードから思いつくことを，周りの8つのマスに書き入れる。順番にこだわらずに，なるべく8つのマスを埋める。

3　周りに書いた8つの言葉のなかで，気になったり，もっと調べたいと思ったものを中心に新しいマンダラートを作る。

4　どんな言葉を書いたか発表する。

5　友だちの書いたものを聞いて，よいと思ったら自分のマンダラートの周辺にメモする。

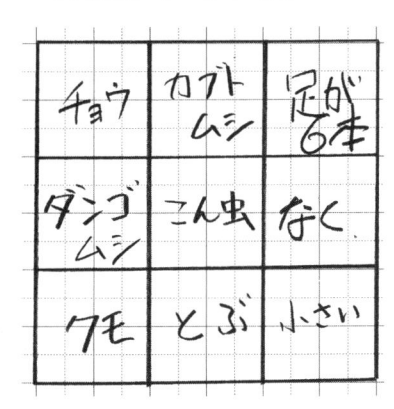

チョウ	カブトムシ	足が6本
ダンゴムシ	こん虫	なく
クモ	とぶ	小さい

「こん虫」がキーワード

朝顔	4〜6月	季節
たけのこ	春	さくら
もぐら	入学式	春一番

「春」がキーワード

なかなか書けない子には，これまでの経験を思い出させる。

春を描いた絵本を図書室から借りてきて教室に置き，埋められない子どもには貸すようにする。

10 用語や定義はノートにていねいにまとめさせよう

理由 用語や定義をていねいにノートにまとめることが，迷った時に役に立つ。

■具体的な手立て

① **用語は，意味を板書してノートに書かせる**

なるべく，似た言葉や対比する言葉をグループにしてまとめる。

似ているけれど違いがある用語は理解しにくいし，後で混同しやすいので，何がどう違うのかをはっきり伝えることが大切。

用語	意味
和(わ)	・たし算の答え
差(さ)	・ひき算の答え
積(せき)	・かけ算の答え
商(しょう)	・わり算の答え

② **用語は覚える漢字として国語の新出漢字と同じように練習させる**

読みにくい漢字は，ふり仮名をつけさせ，読み慣れるまでは練習させる。

㊟ 折れ線グラフ

折れ線グラフ　折れ線グラフ
折れ線グラフ　折れ線グラフ

用語だけ，用語と意味との組み合わせで，と何度も音読させる。またノートには漢字練習と同じように数回書かせて覚えさせる。

教師が用語を言い，子どもに意味を答えさせたり，逆に意味を言って用語を答えさせたりする練習をすることも大切。用語の意味や漢字は小テストでも繰り返し出題して，正答できるまで練習させる。

③ **用語と定義（意味）は，単元末にノートにまとめさせる**

一覧表にまとめると，復習がしやすく覚えるのに便利である。

第3章　特別支援を意識したノート指導

〈用語の一覧表〉

用語集　植物のからだのはたらき			(40)
用語	C	意味(説明)	P
ヨウ素液		・デンプンを、青紫色に変える液。 ・10倍にうすめて使う	35
でんぷん ジャガイモのでんぷん (約200倍)		・日光が植物の葉にあたるとできるもの。根・くき・種子・実などにたくわえられる。 ・成長するための養分としても使われる。	35
エチルアルコール (エタノール) (とう明)		・葉の色をとかし出すのに使われる液。 ・燃える　火に注意	37

黒板に書いた用語一覧の一部を消して，子どもに消した部分も含めて発表させる。消す部分を少しずつ増やしていくと，子どもはより集中していく。

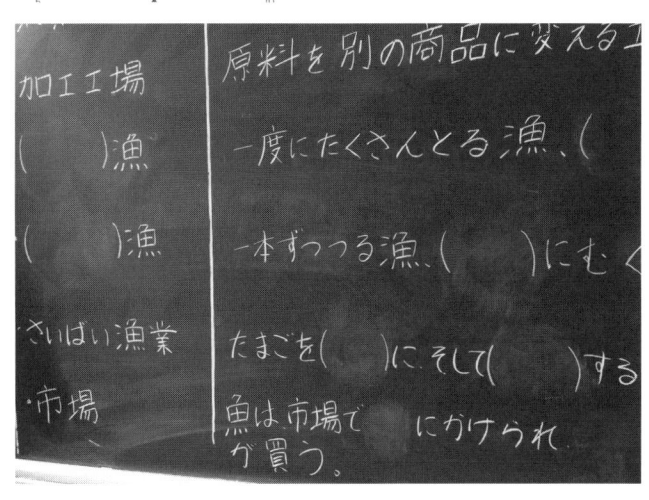

11 子どもが記入しやすい　　ワークシートを用意しよう

理由　通常のノート形式に一工夫加えるだけで，学習環境が格段に変化する子どもがいる。

■具体的な手立て

書きやすいように，ある程度枠を印刷したものを必要な児童に使わせる。

① **漢字の小テストの裏に練習用ワークシートを印刷する**（下図参照）

間違った問題の練習を，用紙の裏に書くことができる。お手本が必要な子どもには，採点と同時に裏にお手本を書くと練習しやすい。

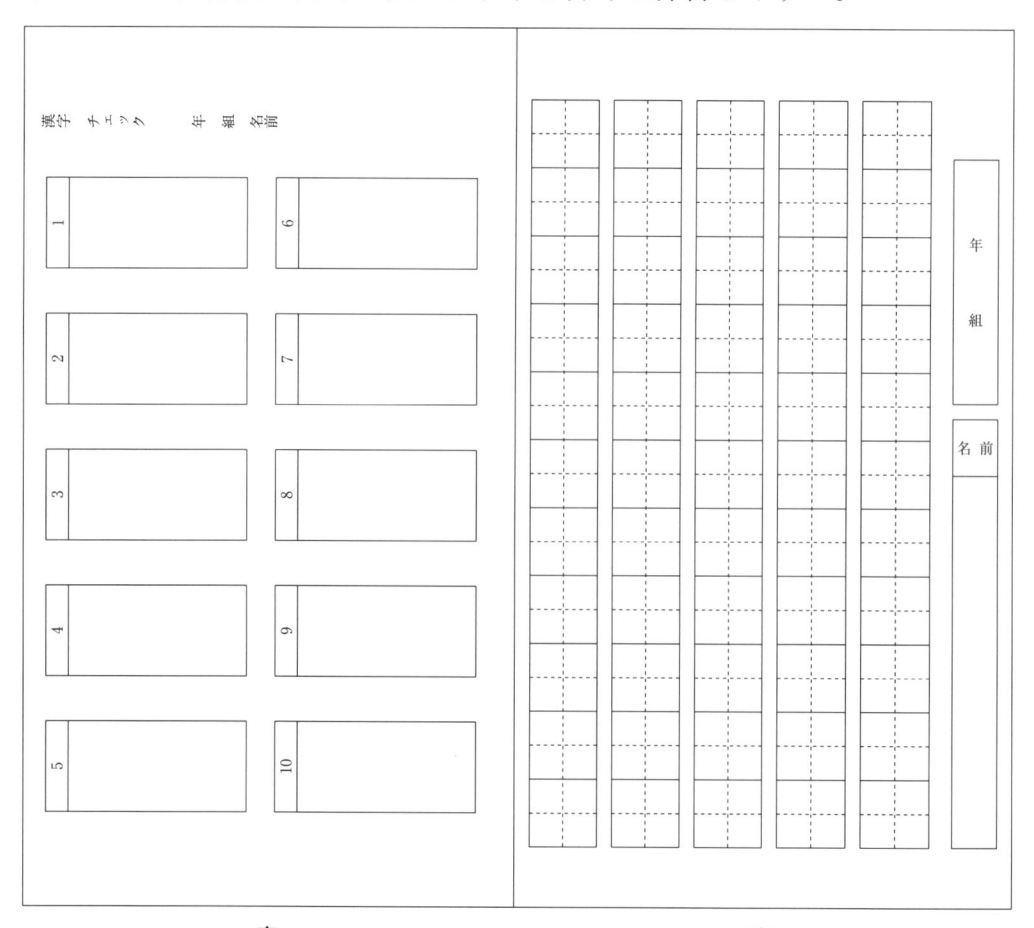

表　　　　　　　　　　　　　　裏

※巻末にコピーして使えるワークシートがあります。

第3章 特別支援を意識したノート指導

② ノートを忘れた子どものためにノート形式のワークシート（予備ノート）を用意しておく

予備ノートの形式例　方眼用紙

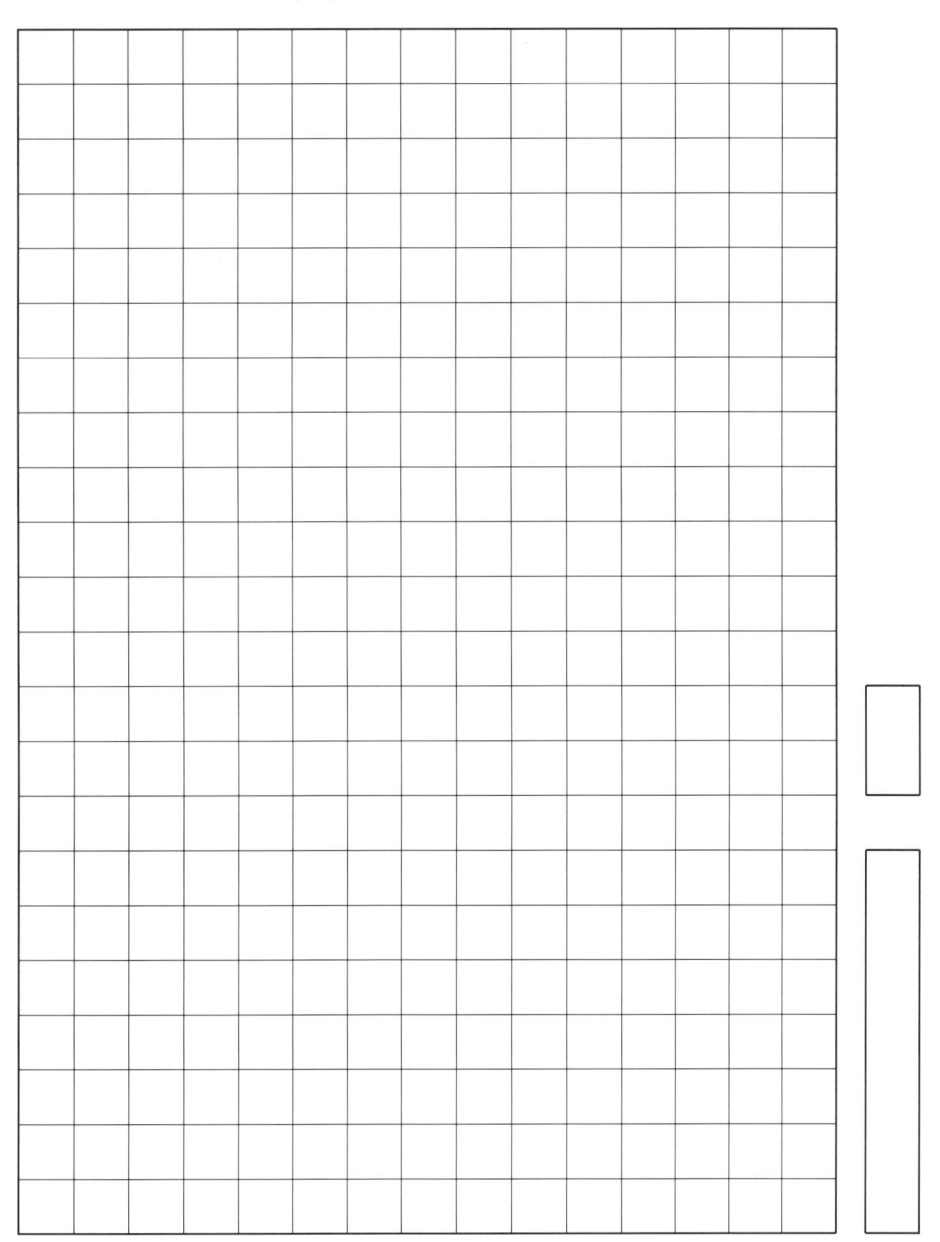

・内部の罫線は薄い色に設定すると書きやすい。

・横に，日付と名前を書く欄を設ける。

・ノートを忘れた子どもに使わせて，授業後回収し，翌日持ってきたノートに貼らせると，紛失しない。

12　個々の子どもの力に応じた問題に取り組ませよう

理由　子どもの理解の特性と進度に合わせた問題に取り組むことで、学習意欲が高まり理解が深まる。

■具体的な手立て

① 1問だけが見えるようにする

・たくさんの問題を前にすると、意欲をなくしがちな子どもには、1問ずつノートに貼り付けて取り組ませる。

・より集中しやすい環境が必要な子どもには、1問にていねいに取り組ませるワークシートを用意する。解けたら、また次の1問を新しいワークシートに貼り付けて取り組ませる。（次ページのワークシート）

② 理解の早い子への対応も考える

・他の子どもより理解が早く練習問題を早く終わる子どもには、少し難しい練習問題を用意しておき取り組ませる。何冊かの市販の問題集を教室に備えておくと便利だ。教材見本のドリルをコピーして使うなど、著作権法で認められていない使い方はしないよう注意する。

③ 選択式問題練習も効果的

・子どもの到達度に応じた練習問題を準備すると、一人ひとりが意欲的に取り組むことができ、学力向上にも効果的だ。「応用問題」「基本問題」と明示するなど、難易度をはっきり示した方が子どもは問題を選択しやすいが、劣等感を抱く子どもがいると心配される場合は示さない。

・黒板に問題を書く場合は、難易度の異なる練習問題を書いて選ばせる。

・プリントに印刷する場合は、1枚のプリントに難易度の混ざった問題を印刷し、3問選んで取り組ませる。この方法だと、自分で問題を選択することになるので、「〇〇さんは、簡単問題ばかりやっていいなあ」という自然な不満も生まれない。

第3章　特別支援を意識したノート指導

1枚1問の算数文章題ワークシート

算数文章題(ぶんしょうだい)ワークシート　　　名前

①何算ですか？

計算のしゅるい	理由
式	

②計算しよう

③答え

※単位チェック！□　※分数なら約文チェック！□

〈使い方〉

① 文章題を1問だけ貼り付けか，書き入れる。

② 何算かを考え，理由を書く。

③ 計算を書く。

④ 答えを書く。単位チェックをして□にチェックを入れる。

13 体育が苦手な子どもも自分の成長を楽しみにする体育ノートにしよう

理由
① 勝ち負けにこだわる体育ではなく，自分の成長を意識する体育の学習を行うために，記録するためのノートを大切にしたい。
② 体育が得意な子どもも，苦手な子どもも自分の成長に目を向けることで，意欲的に体育の授業に参加し楽しむことができる。

■具体的な手立て

① **体育ノートを1冊設定する**
・年間1冊のノートという考え方でもいいが，可能なら複数年にわたって使用するつもりで使い，次年度の担任に引き継ぐ。
・表やグラフを書くこともあるので方眼ノートが使いやすい。
・使いやすい体育のワークシートがあれば，それを貼り付けて使う。適切なワークシートがない時は，自作する。

② **数字と言葉で記録をつける**（右ページ参照）
・低学年では担任が記録し，中・高学年では子どもが自分で記録する。
・毎時間書けたらいいが，単元の終わりや，新スポーツテストを実施した時などに，一番よかった成績を記録するだけでもよい。

③ **成果をまとめる**
・単元の終わりには，学習の成果を数字と言葉でまとめる。
・スポーツテストの記録を書いたカードや，水泳大会，陸上記録会などの結果も記録させる。過去の自分の記録と比べられるようにすることが大切。

④ **年度末に記録を整理する**
・学年末には，年間のまとめを行う。
・できるようになったもの，記録が伸びたものを整理して自覚させ，次年度への意識づけを行う。

第3章　特別支援を意識したノート指導

〈体育の授業にも筆記用具は準備させる（水泳を除く）〉

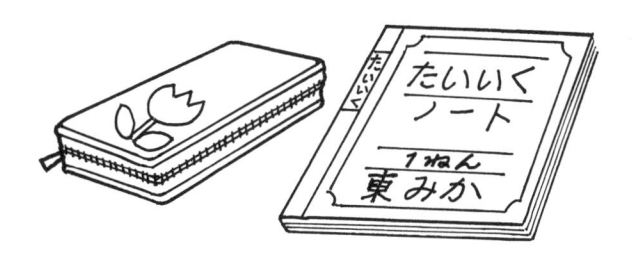

〈記録用ワークシート例〉

50m 走		
学年	月	記録
1年	5	11秒82
1年	11	11秒45
2年	5	11秒13

てつぼう		
学年	月	できたこと
1年	5	ツバメ，ふとんほし，コウモリ
2年	7	とび上がり，足ぬきまわり，ふみこしおり
3年	10	コウモリからおりる，まえまわり

はばとび					
5年					
月	日	記録		助走	気をつけること
10	9	① 3 m 14 cm F		25 m	
		② 3 m 18 cm F		25 m	
		③ 3 m 30 cm F		30 m	
	11	④　　m　　cm Ⓕ		m	
		⑤ 3 m 25 cm F		25 m	

※種目別の記録用紙を作成すると，記録しやすい。

14　授業中の個別指導にノートを活用しよう

理由　学習に集中できない，基礎学力が十分に身についていないなど支援が必要な子どもには，授業中に少しでも個別指導の時間を確保したい。

■**具体的な手立て**

① **考えをノートに書かせてから発表させる**

考えたことをノートに書いて発表させると，緊張しやすい子どもや，言葉がすらすら出てこない子どもでも，安心して落ち着いて発表することができる。

② **ノートを見る機会を増やす**

教師のところにノートを持ってこさせる場合，「1列」「2列」と指定して，列ごとにノートを持ってくるようにすると，子どもたちの並ぶ時間が短くなる。また，学習スピードが速い子どもが頻繁に持ってきて，ほかの子どものノートを見る時間が少なくなる状態も避けられる。

学習が遅れがちな子どもには，最初に持ってきた時に，「次の1問が終わったらいつでも持ってきていいよ」と声をかけ，他の子どもより頻繁に持ってこられるようにする。

指定する列に関係なく持ってきていい子どもが並ぶ列は別につくる。

③ **巡回指導でのノート指導では子どもの実態に合わせた指導をする**

教師が教室内を回覧しノートを見る時，子どもの実態に合わせて，問題を変える，問題の数字を簡単なものに変更する，問題数を減らす，個別にヒントを出す，などの工夫をし，意欲的に取り組めるようにする。

④ **個別指導に向く用紙を用意しておく**

計算用のマス目入り用紙や大きめのマスの用紙，1枚に1問だけを解く集中しやすい用紙を準備し，いつでも提示できるようにしておくと便利だ。

第3章　特別支援を意識したノート指導

〈算数で，個別にヒントを出す方法〉

① ミニカードをノートに貼る

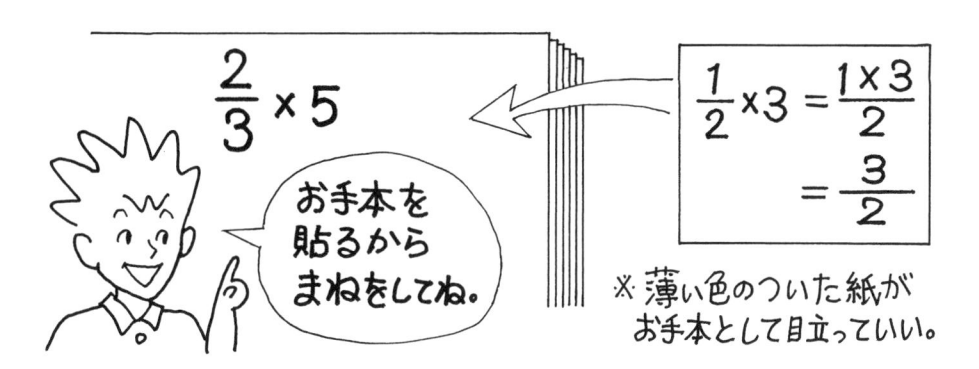

$\frac{2}{3} \times 5$

「お手本を貼るからまねをしてね。」

$\frac{1}{2} \times 3 = \frac{1 \times 3}{2} = \frac{3}{2}$

※薄い色のついた紙がお手本として目立っていい。

② ヒントになる教科書のページをノートに書き込む

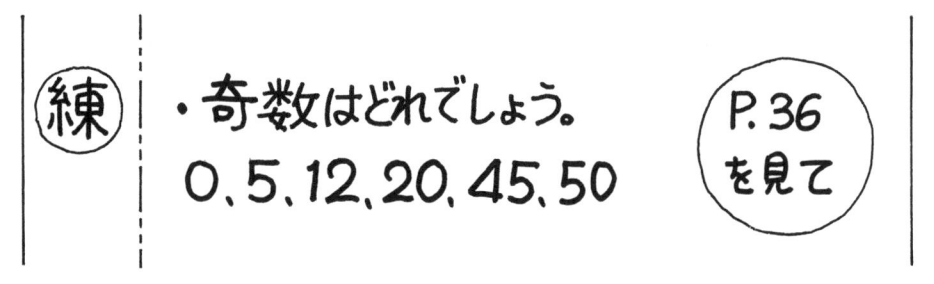

㊤　・奇数はどれでしょう。
　　　0、5、12、20、45、50

P.36を見て

③ 問題を解くのに役立ちそうな半具体物や具体物を渡す

7 + 6

※少し多目に渡す。

④ できる問題から考えさせる

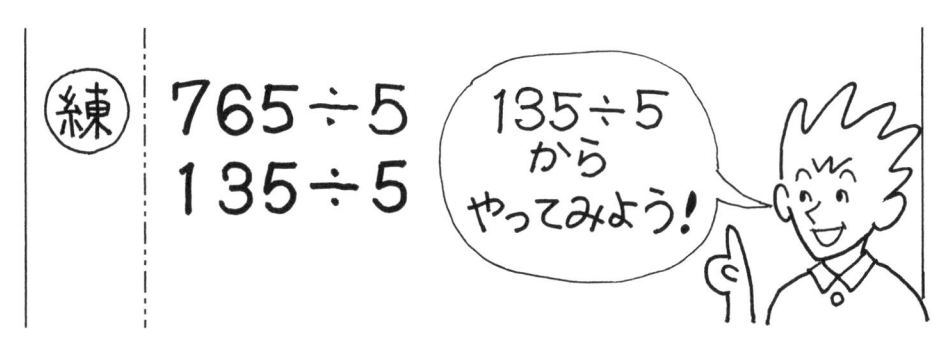

㊤　765 ÷ 5
　　135 ÷ 5

「135 ÷ 5 からやってみよう！」

15　ノートを活用して
　　学んだことを定着させよう

理由　書いて終わりのノートでは、ノートを書くよさが伝わらず、成果も上がらない。

■**具体的な手立て**

① **ノートを見直すことを習慣づける**

　子どもたちが定期的にノートを見直す時間を設定する。

　「5分間で日本の水産業をノートで復習しましょう。赤ペンを持って、大切な言葉や説明に赤線を引きながら読みましょう。授業中に一度赤線を引いた場所で、大切だと思うところは、もう一度なぞって赤線を引きましょう」と言葉掛けし、読み直して、新たに気がついたことや、生まれた疑問を書き込ませ、授業で取り上げたり、個別に助言する。

② **ノートを見てよい小テストをする**

　ノートだけは見てよい小テストを実施して、大切なことを書き漏らしている時は、書き加えさせる。

　わからなくなった時は、ノートを見ると、説明が書いてあったり、言葉の意味が書いてあったり、計算の手順が書いてあったりして便利だという意識を持つようにさせる。

③ **ノートは大切に使わせる**

　ノートを上手に書き、活用させるために、ノートをていねいに扱う習慣を身に付けさせたい。ノートを忘れた時に、他教科のノートは使わせない。また、学習内容に関係のない落書きも気がついたら消させる。

　表紙には、教科名と氏名もていねいに書くよう指導する。

〈テストや資料の保存方法も大切な指導技術〉

ノートには，タイトルと氏名と教科名を書く。

返したテストは，つづっておくと，大切なことだけを短時間に復習することができて便利。

「これだけは覚えてほしい，これだけは読めるようになってほしい，これだけは書けるようになってほしい」
という資料は，ファイルに綴じると，理解しやすい。（知力アップファイル）

〈教室に備えたいノート関係のグッズ〉

多機能プリンター
・個別指導に必要な問題や資料を，必要な部数だけすぐに用意できるので便利だ。

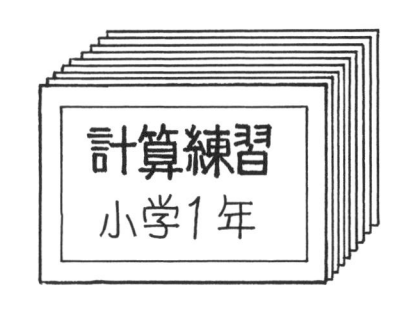

全学年分のコピー可能な問題集
・特に国語と算数は，全学年分を教室に持っていたい。個別指導にすぐ使えるものがよい。

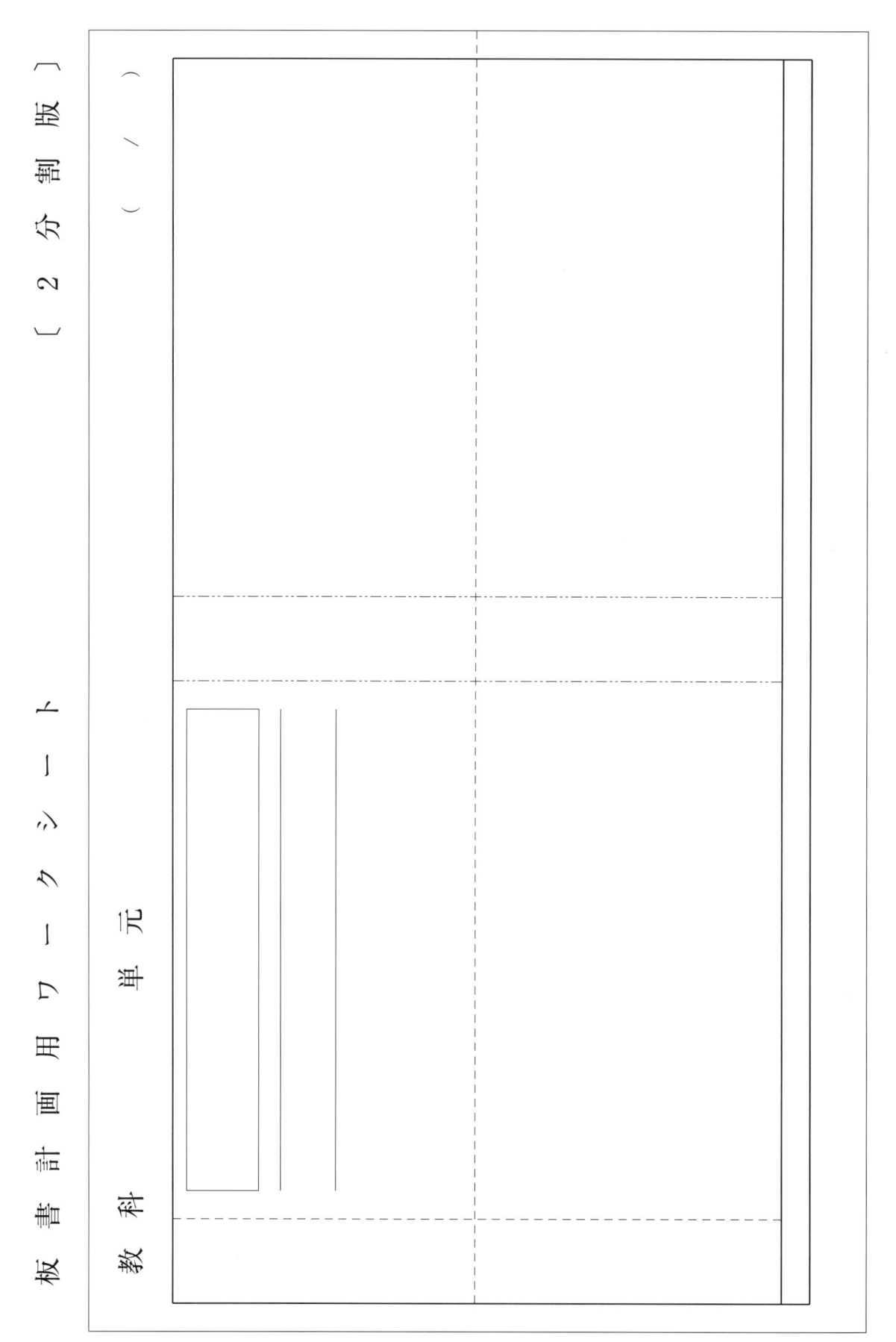

板書計画用ワークシート 〔2分割版〕

教科（　　）　単元（　　／　　）

板書計画用ワークシート〔3分割版〕

教科　　単元　　（　／　）

調べ学習マニュアル

名前（　　　　　　　　　　　）

調べるテーマ

キーワード

調べ方

何で	どのように	メモ
教科書	・教科書からキーワードに関係のある情報を見つけよう。 ・関係のある写真や図を見つけて読み取ろう。	
資料集	・教科書に書いてない情報を見つけよう。 ・教科書と違う写真や図を見つけて読み取ろう。	
辞典・事典	・意味のわからない言葉を調べよう。 ・なるべく複数の辞典・事典で調べよう。	
図書室の本	・必要な情報が書いてある本を見つけよう。 ・ほかに参考になる本がないか，担任の先生や図書室の司書の先生に相談しよう。 ・必要な本ががわかっている時は，近くにある公立図書館の蔵書けんさくを利用するなどして探すこともできる。	
ホームページ	・キーワードでけんさくしよう。 ・信用できるホームページで調べよう。 ・必要な時は，先生に相談して印刷しよう。	
新聞	・必要な情報を切りぬいてファイルしよう。 ・過去の新聞記事から必要な情報をけんさくしよう。 ・必要な時は，先生に相談して印刷しよう。	
インタビュー	・何を，だれにインタビューしたいかを，先生に相談しよう。 ・インタビューしたことは，すぐに文章にまとめよう。	

記録の方法

・ていねいな文字で書こう。
・本なら書名，著者，出版社名。新聞なら新聞名と日付。ホームページなら名前と公開している団体や個人名などの情報を正確に記録しておこう。

国語辞典の学習マニュアル

名前（　　　　　　　　　　　）

国語辞典の言葉は、五十音順にならんでいる！

調べたい言葉の、１文字目で始まるページを見つけよう。
五十音順にならんでいるから、五十音の表を見てさがそう。
見つけたら、そのなかから二文字目で始まるページを見つけよう。
三文字目、四文字目も同じように見つけよう。
五十音の表を参考にしてね。

あ	い	う	え	お
か	き	く	け	こ
さ	し	す	せ	そ
た	ち	つ	て	と
な	に	ぬ	ね	の
は	ひ	ふ	へ	ほ
ま	み	む	め	も
や		ゆ		よ
ら	り	る	れ	ろ
わ		を		ん

調べてみよう
　どちらが　先に出てくる？

① （　）わかい　若い
　　（　）わかやまけん　和歌山県

② （　）さんか　参加
　　（　）さんが　山河

③ （　）びょういん　病院
　　（　）びよういん　美容院

④ （　）オットセイ
　　（　）オートバイ

⑤ （　）しぼう　志望
　　（　）しぼう　死亡

漢字チェック　年　組　名前

1.

2.

3.

4.

5.

6.

7.

8.

9.

10.

年　組

名　前

著者紹介

●蔵満逸司

1961 年鹿児島県生まれ
鹿児島県指宿市立池田小学校教諭
授業づくりネットワーク会員・日本 LD 学会会員・鹿児島子ども研究センター所員・特別支援教育士
・世界一周 23 ヵ国ひとり旅 1981
・鹿児島テレビ KTS の日クイズ王選手権準優勝 1997
・奄美紹介ビデオ作成の授業が日本テレビで放送 2004
・日本マクドナルドの協力で奄美バーガーの授業公開 2005
・蔵満逸司写真展　奄美パーク・奄美空港・奄美開運酒造 2006
・朝日新聞全国版連載「花まる先生」で算数の授業が紹介 2007
・『ミナミさんちのクイズ』南日本新聞毎日連載中 2010.10.1〜

■著書

『奄美まるごと小百科』（南方新社）2003
『奄美食（うまいもの）紀行』（南方新社）2005
『奄美もの知りクイズ 350 問』（南方新社）2006
『鹿児島もの知りクイズ 350 問』（南方新社）2009
『42 の出題パターンで楽しむ痛快社会科クイズ 608』（中村健一氏と共著）（黎明書房）2009
『クイズの出し方大辞典付き笑って楽しむ体育クイズ 417』（中村健一氏と共著）（黎明書房）2010
『授業のツボがよくわかる算数の授業技術高学年』（学事出版）2010
『小学校 1・2・3 年の楽しい学級通信のアイデア 48』（黎明書房）2011
『小学校 4・5・6 年の楽しい学級通信のアイデア 48』（黎明書房）2011
『見やすくきれいな小学生の教科別ノート指導』（黎明書房）2012
『おいしい！授業　70 のアイデア＆スパイス＋1 小学校 1・2 年』（フォーラム・A）2012
『鹿児島の歩き方　鹿児島市篇』（南方新社）2012
『教師のための iPhone ＆ iPad 超かんたん活用術』（黎明書房）2016

■出演 DVD

『演劇・パフォーマンス系導入パターン』（ジャパンライム社）2008
『実践！ミニネタアイディア集算数編 2 巻』（ジャパンライム社）2009

■編著

『子どもたちはこうしてエイズと出会った』（VOK）1993
『小学校算数の学習ゲーム集』上條晴夫監修（学事出版）2002
『算数の授業ミニネタ＆コツ 101』上條晴夫監修（学事出版）2006

■ E-Mail：tabibito99@yahoo.co.jp

特別支援教育を意識した小学校の授業づくり・板書・ノート指導

2013 年 9 月 1 日　初版発行
2017 年 2 月 10 日　4 刷発行

著　者　蔵満逸司
発行者　武馬久仁裕
印　刷　株式会社　太洋社
製　本　株式会社　太洋社

発行所　株式会社　黎明書房

〒460-0002　名古屋市中区丸の内 3-6-27　EBS ビル
☎052-962-3045　FAX052-951-9065　振替・00880-1-59001
〒101-0047　東京連絡所・千代田区内神田 1-4-9　松苗ビル 4 階
☎03-3268-3470

落丁本・乱丁本はお取替します。　ISBN978-4-654-01888-8
© I. Kuramitsu 2013, Printed in Japan

見やすくきれいな
小学生の教科別ノート指導

B5／92頁　1800円

蔵満逸司著　国語，社会科，算数，理科等の各学年のノートの見やすい書き方，使い方を，実際のノート例を多数まじえながら紹介。支援を要する児童を意識した板書の工夫なども掲載。

子どもも保護者も愛読者にする
小学校1・2・3年の楽しい学級通信のアイデア48

B5／102頁　2000円

蔵満逸司著　子どもとの距離がぐっと近づく学級通信の，作成手順や具体例，コピーして使えるワークシートを掲載。子どもの登校時刻通信／宿題説明号／引換券つき授業参観案内／他。

子どもも保護者も愛読者にする
小学校4・5・6年の楽しい学級通信のアイデア48

B5／102頁　2000円

蔵満逸司著　保護者からの信頼感が増す学級通信の，作成手順や具体例，コピーして使えるワークシートを掲載。テスト対策通信／QRコードをかしこく活用／中学校ニュース／他。

42の出題パターンで楽しむ
痛快社会科クイズ608

B6／93頁　1200円

蔵満逸司・中村健一著　教師のための携帯ブックス③／授業を盛り上げ，子どもたちを社会科のとりこにするクイズの愉快な出し方42種と608の社会科クイズを紹介。地名たし算クイズ／他。

クイズの出し方大辞典付き
笑って楽しむ体育クイズ417

B6／95頁　1200円

蔵満逸司・中村健一著　教師のための携帯ブックス⑦／サッカー，ドッジボールなどのスポーツのルールや，エイズ，インフルエンザなどの病気の基礎知識が身につく体育クイズを417紹介。

学級担任に絶対必要な
「フォロー」の技術

四六／155頁　1600円

中村健一編著　今どきの子どもを的確に動かす新しい教育技術，「フォロー」について詳しく紹介。教室でトラブルを起こす子にも効果的に対応できます。担任教師必読の書。

コピーして使える授業を盛り上げる
教科別ワークシート集（低・中・高学年）

B5／79頁　各1800円

島田幸夫・中村健一他編著　授業の導入や学級づくりに役立つ，著者の教育技術の全てをつぎ込んだめっちゃ楽しく学べるワークシート集全3巻。各巻「エライ！　シール」1シート付。

◆◇◆◇◆◇　「エライ！　シール」販売します　◇◆◇◆◇◆

ワークシートに貼って子どもたちの達成感を高める「エライ！　シール」を販売いたしております。
『コピーして使える授業を盛り上げる教科別ワークシート集』
〈全3巻〉には付録として各巻1シート付いています。
詳しくは小社ホームページか小社営業部までお問い合わせください。

実物大

表示価格は本体価格です。別途消費税がかかります。

■ホームページでは，新刊案内など，小社刊行物の詳細な情報を提供しております。「総合目録」もダウンロードできます。http://www.reimei-shobo.com/

全員を聞く子どもにする教室の作り方 A5／147頁　1900円	多賀一郎著　人の話を聞けるクラスにすれば，学級も授業も飛躍的によくなります。聞く子どもの育て方を，具体的に順序だてて初めて紹介した本書は，教室づくりの決定版です。
教師のためのiPhone & iPad 超かんたん活用術 B5／86頁（オールカラー）　2300円	蔵満逸司著　初めてiPhoneやiPadをさわる人でも，すぐに授業や普段の教師生活に活かせるノウハウを収録。操作説明や基本用語，各教科の授業や特別支援教育に役立つアプリも紹介。
歴史壁面クイズで楽しく学ぼう ①縄文時代～平安時代／②鎌倉時代～江戸時代／③明治時代～平成（全3巻） B5／各79頁　各1700円	阿部隆幸・中村健一著　コピーして貼るだけ！歴史壁面クイズ201問（各巻67問）で楽しく知識の定着が図れます。教室の掲示物に活用でき，毎日貼りかえても1年使えます。
学級担任が進める 通常学級の特別支援教育 四六／181頁　1700円	大前暁政著　目の前の特別支援を必要とする子どもにどう対応するか。確実な成果をあげた多くの実践をもとに，場面場面の具体的対応とその理論を紹介。通常学級の担任教師，待望の書。
特別支援教育の実践力をアップする 技とコツ68 四六／160頁　1600円	新井英靖・高橋浩平著　教師が感じるさまざまな不安や疑問を解消する糸口になる「技」と「コツ」を紹介。日々の実践をベースに解説しており，教壇に立つのが楽しくなる本です。
高機能自閉症・アスペルガー障害・ADHD・LDの子のSSTの進め方 ―特別支援教育のためのソーシャルスキルトレーニング（SST） B5／151頁　2600円	田中和代・岩佐亜紀著　生活や学習に不適応を見せる子が，社会的に好ましい行動ができるよう支援する，コピーして使える絵カードを使ったSSTやゲーム感覚のSSTなどを紹介。
新装版 発達障害の子どもにも使える 小学生のためのSSTカード ＋SSTの進め方　カラー版 B5函入／50頁＋カラー絵カード16枚　4000円	田中和代著　今すぐSSTを実践したい小学校教師のための基本16ケースに絞ったカラーSSTカード付き実践ガイドブック。がまんを学ぶ／友だちとの距離のとり方／お礼を言う／他
自閉症スペクトラムの子どもの ソーシャルスキルを育てるゲームと遊び B5／104頁　2200円	レイチェル・バレケット著　上田勢子訳　先生と保護者のためのガイドブック　社会の中で人と上手に付き合っていくためのスキルが楽しく身につけられるSSTワークブック。
子どもに必要な ソーシャルスキルのルールBEST99 B5／127頁　2500円	スーザン・ダイアモンド著　上田勢子訳　学習障害，自閉症スペクトラム，感情面に問題を持つ子が社会生活を上手に送るためのルールが身につくSSTワークブック。

表示価格は本体価格です。別途消費税がかかります。